讓告別成為禮物

Talking About Death Won't Kill You

思索
並學習
與生命說再見

The Essential Guide to End-of-Life Conversations

Talking About Death Won't Kill You is the essential handbook to help Canadians navigate personal and medical
best quality of life for the end of our lives. Noted palliative-care educator and researcher Kathy Kortes-Mille
how to identify and reframe limiting beliefs about dying with humor and compassion.

Kathy Kortes-Miller
凱西・科特斯－米勒博士——著
田若雯——譯

獻給戴瑞克，

他讓我們知道，怎麼好好活著、笑著、愛著這個世界。

也獻給雪莉，她將永遠，深愛戴瑞克。

推薦序

那不可說的，就保持沉默。

政大傳播學院教授　陳文玲

我們安靜對坐，他輕輕握著我的手，視線穿越了我，落在身後某處，我則看著窗口，當一團熾白轉為橙黃，選擇每天此時來護理之家陪爸爸的我，知道一天又到了盡頭。

過了許多天，爸爸開口：「每次進去之前，那些魚就開始游泳。」我順著他的眼光回頭，藍色的大海裡有紅色和黃色的魚，它們是牆壁的一部分，這個房間的壁紙圖樣。

爸爸說的「進去」，意思是他會變得混亂暴躁、口齒不清、動個不停，只在自己內在衝撞、無法與外在世界連結，醫生稱之為「譫妄」，護理之家的照服員跟我則覺得煩惱且磨耗，通常至少要兩、三天，爸爸才會「回來」。

我問爸爸：「進去，你會不會害怕？」他點點頭：「可怕。」本想安慰他的我，無話可安慰，改說自己的感受，「爸爸，你進去的時候，我也特別難受，我想為你解決問題，解決問題是我的強項，但這件事我無能為力。」他點點頭，「我也覺得自己沒有用！」

我們安靜對坐，他輕輕握著我的手，我提了一個想法：「爸爸，不然，你進去的時候，想辦法記住那裡的事，回來以後，說給我聽好不好？關於怎麼老、怎麼離開，我知道得太少，而且好害怕，你把你的經驗告訴我、教給我，好不好？」自此，直到爸爸過世，每當牆上的魚開始游泳，我就對他說，「爸爸，我愛你，別害怕，記住途中風景，回來說給我聽。」有一次，爸爸告訴我，宋楚瑜派黑頭車來接他去吃飯；有一次，呂秀蓮跟國民黨的合作不順利，拜託他居中斡旋；有一次，宜蘭地區召開世界佛教大會，他代表媽媽跟我出席，說也奇怪，竟然不需要輪椅，可以自由地走來走去；最後一次，已過世二十年的媽媽來護理之家煮了一大桌飯菜，感謝大家照顧爸爸。我問：「你跟媽媽說到話嗎？」他回：「我跟在她身後轉來轉去，不知道說什麼才好，跟以前一樣。」

除了講這些話，大部分的時候，我們仍舊安靜對坐，他輕輕握著我的手，當窗口的熾白轉為橙黃，爸爸會說：「小玲，妳也累了，回家煮飯休息吧。」那時，我還不知道跟爸爸的緣分只剩一年，也不知道三年後會受邀為這本書寫序，但我發現，因為願意開口，我跟爸爸的位子反轉了，他從失能的被照顧者轉為帶我認識死亡的智慧老人，我從疲憊的照顧者變回專心聆聽、被愛圍繞的女兒。所以，我同意作者開宗明義就說，「我們需要一種更好的死亡教育，」因為想要「感覺我們能掌控自己，感覺我們被聽見，感覺我們活著的時候，在生活裡可以自在地談論臨終與死亡」。

然而，感覺就是感覺，談論就是談論，它們是告別的起始，覺醒的契機，轉變的藥引，卻非死亡的全貌。如果我們誤以為死亡可以被語言指認，誤以為死亡焦慮可以用討論塗銷，我們就也一頭栽進西方理性主義以偏概全的陷阱，那麼巨大的黑暗、失落和意料之外，豈是一點點理性之光可以完全照亮的？

無論離開的或告別的，都得面對熾白轉為橙黃、橙黃轉為黯黑，但是願意在暗夜裡點燃幾盞燭火，就著微弱火光讀書，例如歐文．亞隆《凝視太陽：面對死亡恐懼》、余德慧《生死學十四講》和這本《當告別成為禮物》，並有所領悟，且勇敢回應給身邊親愛的人，就是好好活著、笑著和愛著世界，也是好好活著、笑著和愛著自己。

維根斯坦如是寫道：「凡是可說的，都可說清楚，凡是不可說的，都應保持沉默。」對於超越語言和世界的，我們還是只能保持沉默，並在靜默中感受它們。

目錄

為什麼臨終對我很重要

導言

也許沒有任何一件事比死亡更能教導我們生命是什麼。

——亞利安娜・哈芬登（Arianna Huffington）

我記得很清楚，上博士班第一天的第二個畫面。我跟其他新同學圍坐成一圈。感覺有點像在幼稚園，可是還滿興奮的。就在那裡，我們所有的人都迫不及待地透露自己的研究計畫，以及我們想改變世界的期望。一個接著一個，我們分享理念和熱情，也談到我們想學什麼，為什麼想學，我們的夥伴都熱切地回應我們，點頭稱道，提出問題，建議未來讀物，並推薦其他值得探索的學者專家。那是個讓人感覺受到支持、合作無間的空間。當輪到我的時候，我把身子往前傾斜，朝向這群友善的人，然後說：「我想研究死亡（death）教育。」

整個房間接著陷入沉寂，悄然無聲。

終於，在感覺上長到讓人難受的停頓之後，其中一個教授——看上去仁慈溫和的教授——說話了。「啊，」他說，「聾啞（deaf）教育，所以，你是想跟聽力障礙的人共事嗎？」

「哦，不，不是這樣，」我回答，我試著按捺住一陣害怕與恐慌的感覺，「我在想的是死亡……字尾是th。」

沉默。

「就是跟臨終、死去、死亡有關。」我結結巴巴地說。

更安靜了。

當下我就想到，當談論生命結束的時候，我們可能都有點不想聽。對我的研究想法有這樣的反應，實在有些令人沮喪。

我提出了一個在接下來五年，甚至更長的日子裡我要全神貫注，然而沒人想關注的主題。我也許應該要考慮發掘另一個題目，放棄死亡這個主題，但我知道我不能，因為我已經體會過，那種想要討論臨終，卻被拒於千里之外的經驗。然後我決定，永遠不要讓同樣的事再發生。

前一年，就在我準備上博士班的十二天前，我被診斷出得了癌症。我三十七歲，兩個活潑孩子的媽，身為人妻、教育者，在我的腎臟裡，發現了一個十公分的惡性腫瘤。原本應該開始研讀，我卻花了一年的時間治療。當我試著從手術後恢復，並學習如何適應所謂的「新正常」時，喊暫停的不只是我的博士班，而是我生活的絕大部分。

當診斷出來的時候，我被介紹給一位應該是在這領域中加拿大最優秀的醫生之一，她非常受人尊敬。我們見面那天，也是我應該要開始博士班的那一天，我想要告訴這位醫生我很害怕，我想要告訴她我怕死亡，怕我的孩子們沒了媽媽，我想告訴她我真正那天原本應該去做的事，不是在這裡傷心難過——而且坦白說，甚至憤怒不爽——我是在她的辦公室而不是在學校！

然而我並沒有機會真正說出這些話，「如果你一定會得癌症，得這種癌症最好。」醫生如是說。

我有點困惑：我才剛告訴她我阿姨在沒比我大幾歲的時候，也得了同樣的病過世了。然後，我鼓起勇氣地說，「我真的很怕我會死，而且有些事我一定要讓妳知道。」

她不理我，「別這麼說啦，」她說：「妳不會死。」

當然，你們現在也知道，她是對的。感謝上帝，她是對的，我還沒死！我對於醫生救了我一命的恩情，感謝萬分。然而，我還是曾希望過，在我治療的期間希望過，我現在也仍然希望，有人——在我是癌症病患的時候，我遇到過許許多多的醫療從業人員，能有一個人——跟我聊聊房間裡那隻「死亡大象」。我可能會死，我阿姨死了，很多其他人也死了，我曾經支持過他們，我需要有人聽我說話，讓我在死前，擁有我生活的主權。

這也是我希望所有的我們都能擁有的：感覺我們能掌控自己，感覺我們被聽見，感覺我們活著的時候，在生活裡可以自在地談論臨終與死亡。我想要我們有一種更好的死亡教育。

你的死亡教育

請你花點時間想一想你自己的死亡教育。你過去是如何學習，還有，你會如何繼續學習臨終和死亡這件事？什麼是你的第一堂課？誰是你的老師？

什麼是你學到最重要的訊息？你目前以來學到的死亡教育如何影響現在的你，以及你對臨終和死亡的思考與談論？

如果對於我的問題，你現在正在聳聳肩、搖搖頭地陷入困惑，（我的「死亡教育」？誰會有死亡教育啊？）你不是唯一的。多數的我們，比起思考生命終點，我們花更多的時間在選擇新車。對於死亡是什麼，大部分的我們，只有非常少的正式（加上非正式）訓練或教育。我教的一門是給未來醫療從業人員的大學部課程——叫做安寧療護介紹——有關如何幫助瀕死之人的課。大多數上我課的十八九歲的孩子，都還沒有體驗跟自己親近的人死去的經歷，也很少想過，甚至根本沒想過，死亡對他們的意義是什麼。這是很正常的：一般來說，醫護人員在學校的時候，只接受過幾個鐘頭的死亡教育，那還算幸運的。如果我們在醫療工作的一線人員，那些最有可能面對死亡跟瀕死的人，都只有少許的死亡教育，那他們如何正確地，充滿愛心地，有效地照顧垂死的人呢？而其餘的我們，沒有任何的正式訓練，又如何能做到同樣的事呢？更別說思考我們自己的需要了。

也難怪當我們要了解死亡的時候，是很掙扎的。不知為何，我們已經忘記我們必須面對自己的，以及我們所愛的人，生命的結束。讓我們一起面對吧：所有的我們，都會跟死亡親密接觸至少一次。然而，我們卻活在一個否認死亡、反抗死亡的社會，我們假裝死亡不存在。如果我們所愛的人死去，我們只被允許（或我們只允許自己）在短暫的時間哀傷悼念，然後期待生活自然會把我們踢回正軌，繼續馬不停蹄，我們被期望該開始做點正事了，不要再想我們失去的人——這樣在很大的程度上，是讓我們身邊的人好過一點。阿姨是個跟我非常親近的人，我在她過世三天後就回到了工作崗位，跟臨終的人一起共事。

這種方式其實對我們很不好，它製造了一個惡性循環：我們忽略我們自己的死亡教育（沒人談起這主題，或沒人教這堂課，可能對我們容易些），所以，當面對死亡時，我們缺乏情緒和實際的技能。因為我們傾向於懼怕我們不知道的事情，我們就越來越害怕公開討論生命的終點。把這件事搞得更複雜的是，多數的我們都已經很害怕死亡的過程：我們對於痛苦，失去控制，失去我們所愛的人，從原本的生活抽離、不確定等都感到害怕。當我們繼續假裝臨終和死亡不是我們生活和生命的一部分時，這些害怕會導向憤怒。我們獨自奮戰，感覺孤單，試著了解自己對死亡產生的情緒。滿多的我們會覺得丟臉：對於我們的懼怕，對於我們的無知——甚至對我們想要理解生命終點的渴望，都覺得難堪。所有這些負面的情緒會導致否認；我們寧願不要有這些經驗，所以我們更努力的避開學習死亡，然後，當有一天我們面對死亡——對於癌症的診斷，或是疾病的擴散，或是車禍，或是老化後最終的衰敗——我們其實被痛苦、不相信，與否認所淹沒，以至於不能有條理地思考和計畫這件事。

我們需要打破這個循環。

當我們打破的時候，我們會公開的學習和討論，臨終和死亡原本是生命的一部分。如此一來，我們可以把原本負面的對話，改變成理解、憐憫和接受。我們對臨終和死亡發展出來新的、健康的觀點，可以強化我們個人，乃至於整個社會。我們能更好好照顧行將就木的自己，或是在接近死亡時能少一點害怕，多一點安然。我們不再將死亡神祕化，我們也鼓勵對死亡進行批判性思考，研究和辯論。

當面對生命中無可避免的部分時，我們能把相互扶持這個功課學得更好。而且，我們要在自己或所愛的人生病前，在悲傷、懼怕、否認將我們淹沒前，就開始練習這個功課。我們應該今天就開始，培養我們的知識和理解，轉變我們的思維。

我們做得到的。其實，很弔詭的，對於生命的開始：出生，我們就推動了改變。在近幾個世代內，我們把生孩子這件事，從高度醫療化的、神祕的、聽命於醫生的，有時候甚至是丟臉的或難為情的過程，成功地轉變為一種以母親、嬰兒與父母為核心的過程。我們現在有成千上百的書，數不盡的網站和討論區，都跟懷孕和生育有關。我們經常聊這些主題，而且，現在已經很普遍的是，女人對於她們想要怎麼生，什麼時候生、在哪裡生和誰來幫忙她等，都多多少少有自己的意見。新手媽媽現在覺得自己是有力量的，因為她們有機會自己安排計畫，學習生育過程並跟其他女性一起分享故事。我不是想辯稱西方世界已把生育這件事做得盡善盡美，然而至少公開的、經常的談論生孩子，希望我們的孩子怎麼被生下來，已經是很正常（並且有益的）事了。

現在，對於死亡，我們應該做同樣的努力。就如同我們逐漸地了解生育是個社會性的、自然的，而不是個醫療的過程一樣。我們需要理解，死亡是一個人類的經驗，跟生育同樣是社會性的過程，值得我們關注、教育和對談。我們需要投入同樣的研究，評估整體死亡教育的好處，我們可以確認的是，當人們被賦予力量，可以談論自己的末日，感受到自己的臨終是被照護、支持的時候，他們比較不會懼怕，不會苦痛、不會焦慮。那些跟垂死者親近的人——每一個死亡至少都直接影響五個人，也比較能體會死亡這個過程是有意義的。

這個過程提供給人們一個機會，聊聊一些遺願、期望和夢想，而且可以好好說再見。當我們相信，怎麼死這件事很重要時，我們比較有可能開始計畫，開啟必要的對話。而且在終將往生的時候，比較沒有遺憾。對於我們失去的人，我們仍會感到哀痛，但當我們知道，我們所愛的人，在死的時候是有主權的，是被照護好的，我們比較能找到內心的平靜。對待我們自己的死亡，也是一樣；我們會有一種收尾和掌控的感覺。而且，但願我們會跟自己曾經選擇過的道路，和平共處。

如同黛恩．西西里．桑德斯（Danne Cicely Saunders），現代臨終關懷醫療運動開創者所說：「人們怎麼死的，會一直留在活著的人的心目中。」我們如何照顧臨終的人，反應了我們整個社會的價值觀和憐憫之心。

要改變我們對待死亡的方式，需要的不僅是我們態度的轉變，而是整個醫療體系的轉變。死亡是無可避免的，它很少是一個醫療的「失敗」。然而，我們的醫療系統，是訓練人把問題「修」好，當你的病是可以修得好時，這當然沒問題，但不是所有的病都治得好。就像安寧療護醫生，也是作者艾拉・布約克（Ira Byock）所寫的，「我們的醫護系統，是鑽研於如何對抗疾病，但對於如何滿足重病或垂死病人及家人的需求，卻設計得很差，我們可以兩者兼顧，我們必須兼顧。」我們需要在現今的醫學與健康護理系統中，找出允許自然死亡的空間。我們不能再繼續丟棄病人，當藥物已經無法治癒他們的時候，告知他們說：「我們已經無能為力了。」

因為為了準備死亡，我們可以做很多的事。首先，就是開始談論死亡，然後延伸到創造一個社群，在我們需要的時候，它隨時可以用關愛的方式介入。我認為我們已經準備好了：根據二〇一四年加拿大臨終安寧療護協會的報告，將近四分之三的加拿大人都正在開始思考生命的終點。

也許我是自私的，但現在，當我教書的時候，我想像我的學生，有一天就是我臨終時負責照顧我的人。

我試著灌注給他們一種想要與人連結的渴望，請他們將疾病狀況與人分開，關注在人。我挑戰他們去明白，去用心學習，是他們教育的一部分。這部分跟他們的臨床技術、理論知識一樣重要，需要一點一滴的培養和發展。我鼓勵他們去思考，如果他們自己快要死的話，會想要什麼樣的照顧。拉特納（Ratner）和宋（Song）在二〇〇二年時，曾提出一個完整死亡教育的首要目標，我對這目標深有同感：「身為教育學者，我們號稱我們讓學生對生命做好準備，我們也應該讓他們對死亡做好準備。」

我知道談死亡實在很不容易：它既悲哀、又恐怖，而且——對很多人來說——它是禁忌的話題。做為一個醫護從事人員，我必須談論它，從工作中透過對話、試著摸索學習。不久之前，我做為一個病人、朋友、妻子、女兒和母親，我必須談論它。然而對我來說，這件事是不可或缺的。我們需要把死亡帶入公開的場域，記錄它、討論它、學習它，並且肯定死亡的重要性，因為它是我們人生無法避免的一部分。這樣一來，我們會準備得更好，對自己想要的照顧可以做更好的決定，而且最終，會改善自己，和所愛的人的臨終經驗。我現在已經知道，當我即將死去，我不要我的照護者，諱談房間裡的大象——死亡的真實。我需要我的親人，相信臨終是重要的。

所以，我敢打賭，今天不是什麼適合你死掉的好日子，希望明天也不是，但也許今天是個適合你開始聊聊死亡的好日子，讓我們把死亡從衣櫃裡放出來，並且給我們自己——以及我們所愛的人——一個禮物。把生活挪出一點空間給臨終，接下來的幾年，當戰後嬰兒潮世代越來越多人步入老年的時候，再者，當加拿大最高法院對加拿大醫療輔助死亡做出決定，而我們正在搞清楚該如何往前走的時候，加拿大會有更多討論臨終與死亡的聲音。我在第九章，會有更仔細的說明。

對我們的家人、朋友和社群，我們有責任要讓他們知道，臨終是很重要的。

我們對我第一個照顧的病人，有一份責任。她告訴我，她絲毫不懷疑自己是否死得太早，但每個人都把她當成老到不能再活的人，那年她九十四歲。

我們對孩子也該負起責任。當我們用一些委婉的說法來談論臨終和死亡時（「外婆走了」；「我們讓狗睡覺了」），我們應該用清楚的、誠實的語言來解釋這個重要的人生事件。

我們對那些十幾二十幾歲的，坐在漆黑的電影院裡，看到他們喜歡的角色死掉（如《生命中美好缺憾》裡的安索）時哭得唏哩嘩啦的年輕人，也有份責任。我們不能用電影和書本來替我們傳授死亡是什麼，我們應該跟孩子開明的討論死去是什麼。

我們對於絕大多數的加拿大人（百分比從七十到八十四不等），也有責任。根據加拿大臨終安寧療護協會統計，他們沒有資源接受臨終和安寧醫護服務。而對更廣大的加拿大人，那些沒有管道來安慰他們悲傷與哀慟的人，我們更有責任。我們需要讓所有的人，都更容易接觸到死亡教育和服務。

我們對原住民也有責任。他們正努力的找出一些方法，試圖在自己的社區裡遵循他們的傳統，替老年人提供安寧和臨終照護。

我們對那些打電話到叩應電台，談論安樂死和輔助死亡的人，也有責任。他們告訴我們，我們對動物比對人好，因為我們至少會讓我們的寵物安樂死，當它們老了、病了、痛苦不已的時候。

我們對醫護從業人員，也有一份責任。他們也正在開始明白，允許自然死亡，不是一個失敗。他們也正在學習，如何在適當的時候，跟臨終安寧療護整合。

我們對戰後嬰兒潮世代應該要負責。他們將會清楚地告訴我們，在臨終的時候，他們對我們的期待是什麼。

而且，我們對我的朋友戴瑞克，也有份責任。就在一年前，在他五十歲生日的前兩個星期，他被診斷出罹患急性骨髓性白血病，那是一種血液的侵略性癌症。他花了十二個月對抗癌症，輪番的化療和放射線治療，讓他經常作嘔、虛弱、頭髮也掉光了；幹細胞移植手術讓他跟家人都必須隔離，也回不了家。而一些實驗性治療也只提供了些微的希望，我記得當他知道，他最後的一線希望也破滅了：癌細胞又回升了的那一天，他可能只剩幾個星期可活，戴瑞克即將死亡。

當我走進醫院他的房間，他看起來很疲倦，弱不禁風，他讓我想起一個戰場上打了敗仗的勇士。我們互相擁抱，我們哭泣，然後他告訴我：「我需要跟妳聊聊臨終。」

戴瑞克在對抗病魔的時候，沒有什麼機會可以聊到臨終。從某些層面來說，他沒辦法聊：光是接受種種治療，就已經去掉他所有的精力和能量。然而今天，面對可能的來日無多，他有很多的疑問，他想讓我們知道，現在什麼對他才是重要的：他跟家人和朋友相聚的時間。他害怕、也煩惱他的死去，對他所愛的人，會有什麼影響。他的太太會怎麼辦？他們倆總是以為太太會早走一步，那他現在應該做什麼計畫？戴瑞克已經對醫院很厭煩了；他想要回家，回家是可能的嗎？他也擔心，他的死去……會對我年紀還小的兒子，有什麼影響？因為我兒子認為戴瑞克是他最好的朋友。接下來我跟他還會有更多困難卻重要的對話，這才是開始。

我衷心希望，這些事不會發生在我朋友的身上。

然而，我很感恩，現在我具備這個能力，能跟他談臨終。戴瑞克會如何死去，是很重要的，因為他的死，會影響他的家人、朋友和社群，也因為他是我親近的好朋友，我真的很愛他。雖然，我比較想幫他計畫下一次的節日聚會或下一次家裡的裝修項目，然而他這麼地信任我，想跟我談他臨終的事，我還是感到很榮幸。我知道對於他的疑問，我必須當一個很好的傳達者，對於他的懼怕及強烈的情緒，我必須是個安全的避風港，我感謝過去所有教授我的人：專業醫療人士與精神領袖，而且，最最重要的，是那些面對死亡的人，他們讓我了解這種對話是何等的重要。

而這也是我希望這本書能提供給讀者的：一個反思的機會。這個機會，讓我們練習如何支持，如何參與並進行意義深具的對話。如此一來，當時間到的時候，我們全部都能準備好，讓我們所愛的人知道，臨終真的很重要。

如何使用這本書

在我們更深入地討論，為何臨終和死亡是生命重要的一部分之前，我想要釐清，這本書是什麼，又不是什麼。

我很誠摯地希望這本書能激勵你這位讀者，去明白臨終和死亡是生命和生活的核心部分。而當你學習它、討論它了，你及你所愛的人，終將會過著更完整的生活。我想要把這本書，當成是改變的催化劑，促進你和你身邊重要的人，和你的醫護人員之間的對話。我了解這些對話很不容易，但我知道這些對話是值得努力的。

這本書不是什麼處方單，它也不是叫你要完成一份死前必做的事項清單，我不在這裡告訴你要做什麼，或者你需要做什麼決定。相反的，我是在這個過程裡支持你，這個過程會賦予你力量，讓你自己想清楚，裡面的一些事情。這本書提出來的一些問題，就只是要做到這樣。我分享的一些故事，不是來示範什麼是對的，什麼是錯的作法，他們只是要刺激我們，進一步的討論和回應。我們每一個人，當我們發現什麼適合我們，和我們關心的人的時候，都會發展出自己獨特的方式，來面對自己的，和所愛的人的終點。

我發自內心最深處的期望是，這本書能改變你對臨終和死亡的想法，也幫助你，或你所愛的人，讓臨終的過程更有意義，也更溫柔。

為什麼臨終很重要

第一章

學習，就當作你會永遠活著；活著，就當作你明天就會死去。

——無名作者

我無法假裝我不害怕，但充滿感激之情，是我最主要的感受。

——奧利佛．薩克（Oliver Sacks），一位英國的神經醫學家在他臨終期間所說

直接切入主題

我將來會死，你將來也會死，每一個人將來都會死。讓我重新敘述一下，獨一無二的約翰．克里斯（John Cleese）曾經講過的名言：「人生，就像是個透過性行為傳播的絕症。」我們都註定要死。可是不知為何，我們走著走著，就忘記了死亡本是生命的一部分。從我們出生的時刻起，我們的細胞就開始死去。我們一直都在經歷分子細胞死亡；我們整天都在死去，是時候該體認到，講死亡、想死亡，不會真的讓我們死掉，我們應該停止否認它的存在。

這本書就是要設計成讓你可以聊聊房間裡的大象：臨終和死亡。大部分的我們很害怕這類的對話，還會逃得遠遠的。對許多的我們而言，談臨終和死亡是種禁忌，也實在難以啟齒。

我邀請你用這本書，來開始思考和回想臨終和死亡。這樣做，你就不會覺得這個主題那麼的巨大，那麼的令你不安了。我希望你會開始對你的生活進行反思，也想想你要的臨終是何等樣貌。當你開始這樣做時，你就可以開啟跟你所愛的人的對話，談談他們的臨終需要是什麼，如果你是醫療專業人士，想想你自己要的是什麼，可以幫助你，跟被你照顧的人對話。

進行這樣的深思熟慮後，會讓你更完整地擁抱生命，比較不會害怕與不安，你會不想要嗎？

否定死亡和忽視死亡

為什麼臨終和死亡會變成一個明明我們都知道，每天隨時會發生在任何一個我們的身上，卻避之唯恐不及的主題呢？如果死亡是全體人類經驗的一部分，為何我們都花更多的精力與時間在想其他的問題？很多人說，我們是活在一個否定死亡、抗拒死亡的社會。

可是這樣說又可能太簡化了。死亡的確是闖入——而且經常是蠻橫的——我們的生活和思想的，這點無庸置疑。它是人類脆弱的終極表現。不管我們是誰，我們是否有知識，我們認識誰，或者我們擁有多少，它終究會發生在我們每一個人的身上；它是生而為人的本質之一，跟我們怎麼活著也息息相關。要更深入地了解我們今天為什麼會這樣思考臨終和死亡，我們必須了解它在西方歷史所扮演的角色。

我們以前如何死去

死亡的經歷，每個文化不同，每個年代也不同。一直到二十世紀中期，死亡對北美和歐洲人的生活來說，都是自然且不可避免的一部分。傳染疾病如天花、肺炎和流感，就經常帶走人們的性命。意外是很普遍的，而戰亂也在各地發生，當時人類的預期壽命，比現在短很多。人們對垂死和死亡很熟悉，因為隨處可見，女人和嬰兒常常在生產過程中死去，對很多嬰孩，有時甚至長達一年都沒有名字，直到確認他們能存活下來。活著很艱難，容易被感染，生活條件低落，衛生很差，缺乏醫藥——這些因素都造成預期壽命不長，人們看得出來垂死者的一些徵兆和症狀，例如腹瀉、嘔吐、肌肉痠痛和呼吸困難，他們對死亡是很熟悉的，因為生活周遭，不斷的在發生。

因為死亡在生活中是常態性的，且住院是很少見的，因此臨終者都是被家人或社區裡的人照顧著。那種照顧大多是支持性的——他們幾乎無法在醫療方面幫上什麼忙——所以他們只是要確認，自己所愛的人越舒服越好，家人或社區提供照護，包括一個休養的地方，不要受到其他因素感染，避免風寒，供應營養的食物就好（如果病人還可以吃喝的話）。宗教代表會來給予精神上的慰藉，如禱告、唱歌及聆聽，他們扮演了重要的角色。

人們通常在家過世，朋友和家人會處理死者身體，準備埋葬，遺體通常放在家中最好的房間裡，讓別人來悼念致敬。

朋友和摯愛會守夜，喝點茶（或其他的東西）、吃點三明治，聊聊天，一起哭哭笑笑。小孩子雖然可能還是有點困惑，但他們早就學到，死亡就是這樣，也是很正常的一件事。

隨著對疾病和衛生知識的進步，在北美和部分的歐洲，從一九〇〇的初期開始，預期壽命就開始增加。這些改變主要是在公共衛生運動的帶領下，改善了生活水準，日積月累，這些運動讓許多疾病感染，和其他健康問題的發生率降低，並且讓病情減緩。更近代的健康照護方法，是聚焦在清潔衛生以減少傳染性疾病散布。醫生和護士提供治療和公共教育，也改進了母親和孩子的健康，影響人類生活品質的原因，從急性的、致命的疾病，漸漸轉移成慢性的問題，如關節炎、心臟病和糖尿病。

醫院也越來越普及，而且經常是由慈善機構來營運，這些大醫院往往是個擁擠的、令人不舒服的地方，塞滿了有各式各樣病痛，而且可能具傳染性的人。結果這些醫院本身，有時候反而對生命造成威脅。然而，透過這些醫院，當醫生和護士奮力抵擋病魔和死亡之時，他們畢竟也學習到對疾病、手術和控制感染的技術和知識，人們得以越活越長。

當預期壽命增長，且急性病症轉為更多的慢性問題時，醫療照護系統的重心也隨之轉變——從疾病管理，轉為延長壽命。我們的醫療照護系統已經有了一些輝煌的進步，例如發展手術程序，來修復和替換基本器官和功能。還有，發明人工輔助系統，如餵食管及呼吸器等，以延續生命，有了這些在衛生和疾病控制的進展，人們開始可以活得長長久久。

他們不只可以活得長久，他們還期待活得更久。這代表著一種典範的轉移，從臨終是生活裡意料之中的熟悉的事，變成了遙遠的、老了才預期的事。

我們今天如何死去

在過去的一百五十年中，我們透過科學和醫學進步的訊息，形成我們對死亡的看法，並深受其影響。很多過去束手無策的疾病和症狀，科學家已找到治療的方法，而現代醫藥也成功的控制住許多過去致命的疾病。人類的家庭以前擔心有些小孩可能活不過孩童時期，現在已經不需要被迫大量生育。

很多過去無藥可救的病，現在就算被診斷出來，已經不再等於立即宣告死亡。更常見的是，病患會走上一個健康可能增進，也可能衰敗的軌道。當今的醫護治療包括介入性措施，主要在延長和維繫生命，經常有人就算得了致命的疾病，還可以存活十五年，甚至更長。在從前得同樣的病，可能馬上就死了。在北美多數的地方，一個人七十五歲前死，被認為是早死，而加拿大二〇一二的資料顯示，平均的死亡年齡是八十一歲。

有時候死亡可能是立即的，舉例來說，發生大面積的受傷，或中風的時候。但多半而言，隨著病人惡化的腳步，死亡的過程是好幾天或好幾週的。不論是何種死亡，我們希望，就算我們需要或想要爭取讓所愛的人在家臨終，我們的醫療系統，在他或她最需要的時候仍能給予一些幫助。

因為多數的死亡現在都在老的時候才發生，而且通常是長期健康問題，例如心臟病或癌症所導致，比起前幾個世代，我們第一次面對死亡的年紀，已經大了很多。我的安寧療護介紹這堂入門課程，是在教授如何照護垂死病人，然而越來越普遍的是，我的十九、二十歲的學生，從來沒有親人死去的經驗。

過去這個世紀醫療的進步，的確令人興奮，也的確延長了壽命，然而卻也留給我們一些需要面對的挑戰。有關於我們想如何死、什麼時候死，醫學提供給我們前所未有的多樣選項和抉擇。我們經常被要求做出快速的生死決定，然而跟這些決定相關的概念和詞彙可能都是我們不熟悉的，再者，因為醫療的進步，過去很多人臨終的時候，是在家裡面熟悉的環境，身旁圍繞著所愛的人。現在都是在醫院裡，被支薪的專業人士照料，但他們可能不像家人好友一樣的了解病人，這個制度，讓我們可以跟生命的末期保持距離，然而也有家庭表示，他們感覺似乎被迫把臨終者完全的交付在專業的手上，因為專業的人看起來對於該做些什麼，似乎比他們懂得多。

醫藥和現代科技擁有延長生命的能力，但有時候也讓人以為，死亡的過程，比死亡還要恐怖。為了要抵抗死亡，延續生命，我們什麼都願意試。有些人發現自己，或自己所愛的人，雖然靠著生命輔助器可以讓他們的肉體活著，但卻處在一個生活非常欠缺品質或意義的狀態。有些人願意接受的治療或手術，可能比疾病的本身更讓他們痛苦和虛弱。我們新發現的一些治病能力，其實帶來很多有關自主權的問題。誰有權力決定我們怎麼死，何時死，現在都是問題。誰有權力決定某人可以停用生命輔助器呢？某人拒絕治療呢？讓某人自然死亡呢？經常，我們所愛的人處在一個緊要關頭，我們發現我們面對著一個完全不熟悉的領域，被悲傷所覆蓋，完全沒準備好做必要的決定，或是當我們自己面對生死決定時，我們跟家人一樣，對於我們自己在臨終前想要如何被對待，都感到軟弱無力。所以我們有必要扭轉這個趨勢，我們需要跟彼此談談，什麼對我們是重要的。我們理想的、期望的是什麼，當時候到了，我們就會知道什麼對我們是正確的決定，我們也知道所愛的人，要的是什麼。

對於臨終和死亡的社會及文化反應

是的，我們的確促進了驚人的醫療發展，但我們必須記得，臨終和死亡不總是或只是一個醫療事件。也許更重要的是，死亡也是一個社會的過程。我們必須要確認，社會網絡、社區和文化，對於我們在理解死亡這件事時，所扮演的角色。謝爾文・努蘭（Sherwin Nuland）博士，在他《我們如何死去》（*How We Die*）的書裡說過，「死亡，是屬於垂死者，和那些愛他的人們。」如果他講的成真，那就太好了。而且，雖然很多人和機構都在宣導這個觀念，但我們還沒到達那個境界。目前國家的社會文化氛圍顯示，大多數的加拿大人都希望改善對臨終者的照護，或對生命末期照護能有更多的選項。四分之三（七四%）的加拿大人，已經考慮過他們在自己生命尾聲的時候，想要如何被照護，當被問到這個問題時，大部分的加拿大人都表示希望在家死去，然而現在百分之七十的人都在醫院辭世。（CHPCA,2014）

身兼作者和專攻安寧療護的醫生艾拉・布約克博士觀察到，我們若試圖了解一個社會怎麼面對死亡，怎麼照顧臨終者，我們會對這個社會有更多的體認。

在我們這個新潮的、科技進步的世界裡，我們發展出一種死亡即是失敗的觀念。我們會說：「這個病人治不好了，」我們把這件事孤立起來，因此我們在社群裡很少接觸死亡。家中年紀很大的人，往往是待在安養院、醫院或長照中心裡，結果在臨終過程中，很多家庭的成員，對於他們所愛的家人，並不是主動的、實際的、第一手的照護者，因此他們也不再透過在家照護，來學習臨終和死亡。哲學家飛利浦・阿里葉（Philippe Ariès），同時也是研究對孩童和死亡態度的先驅，稱這種現象為「看不見的死亡」。阿里葉認知到，在當今二十一世紀，我們花費很多精力讓自己與死亡隔離，讓它跟我們的日常生活切割，我們讓它隱形，所以它不會干擾到我們的生活。

今天，我們躺在醫院消毒過的房間裡死亡，受訪時間有所限制。照護者都是專業人士，人們發現自己是在一個奇怪的、孤單的環境，身上插著管子、電線和／或與機器相連，他們經常被告知要為生命奮戰，有時候，他們甚至不知道自己已經快要死了，怕他們失去希望和繼續奮鬥的渴望。這種態度，讓他們沒有機會為自己的死亡做準備，去完成任何一些「心中遺願」。例如好好說再見，說聲我愛你。在他們臨終的過程中，他們失去機會來維持一點點的自主掌控和內心的平靜。他們和他們的家人，錯過參與臨終和死亡有關的儀式。這些儀式，可能帶給他們安慰。

尊敬死亡的社會儀式

很多社會，當有人去世的時候一直都用儀式，來教導生者的行為舉止。這些儀式教我們穿什麼，說什麼，該怎麼處理遺體，該怎麼照顧那些哀傷的人。有考古的證據顯示，在十五萬年前，甚至更早，舊石器時代的尼安德塔人，就有死亡儀式。考古學家發現在一些屍體旁邊，放有裝飾的貝殼、工具和鹿角及其他物件，這代表他們在人死後，有舉行某種儀式。而且有史以來，死後儀式就被用來保護生者，或用來保障死者的靈魂，安全的移轉到它應該去的地方。我們的儀式可能隨著時間和文化變遷，但情感仍然不變，我們希望尊敬死者、安慰生者。

在我曾經工作的小型社區中，鎮裡的人用一些簡單的儀式，來對那些剛失去所愛的家庭表達關愛。當有人去世後，這個家庭會談到即將預期收到的「燉菜大軍」，和需要去確認冰箱是否有空間，來放置隨之而來的大量食物。這意味著他們在治喪期間，不用想到採買和煮飯這些事。用食物來滋養他人是這個社區展現他們關心的方式。

我記得當我的希臘祖父過世的時候，我的法國祖母——比祖父年輕很多的祖母，被確切地告知，她必須在她接下來要哀傷的四十天裡，每天穿黑色的衣服。我從來沒看過我祖母穿黑色，而且她很不容易接受這種希臘習俗，最後她終究不太情願地服從了。祖父死後的第四十天，我的希臘家庭舉行了盛大的宴會，裡面有豐富的食物，很多其他希臘社群的人都來慶祝我祖父的一生。我的祖母，原本她在這段期間多數的時候都不想穿黑衣，告訴我她決定再多穿一陣子黑衣。

因為她明白了，黑衣是讓人們知道，她仍然為丈夫的死感到悲傷。她還說，遵循這樣的慣例，讓她覺得，她仍與丈夫緊密相連。

一直到二十一世紀的最近，像我希臘家族舉行這樣的儀式，是廣被接受的。人們遵循它，是因為當有人去世後，這些儀式提供了方向，來指導大家怎麼做。傳統和宗教將大家凝聚在一起，讓社區更同心協力。然而，現在對於臨終和死亡這些指導我們行為和感情的儀式和傳統已經改變了，我們越來越多元化，而且有些人也不想公然地宗教化。我們的家庭成員可能住得離彼此很遠，這些因素都導致我們需要發展一些新的尊敬死亡、慶祝生命的方法，有些人甚至遠離傳統的立即下葬的慣例和儀式，因為他們發現花費太大，或是要把大家從四面八方齊聚在一起的流程太困難。遺體下葬或火葬很久之後，也許會辦一個慶祝生命的聚會，這讓我們得以與死亡，保持相當的距離。

與死亡安然接觸

儘管我們都將會在我們的生命中，至少熟悉死亡一次，社會還是不承認，死亡是我們生命裡正常的一部分。一方面，我們盡全力避開它，另一方面，我們每次打開電視，它就在眼前。它出現在新聞裡、書裡、電影裡、音樂裡，我們努力說服自己，那是發生在別人身上的事——不會發生在我們和我們所愛的人身上。這樣躲著臨終和死亡是很諷刺的，尤其是最近我們看電視的時候。這本書請我們思考的臨終和死亡，跟電視看到的是不一樣的：不會有吸血鬼或殭屍；也不是發生在某個遙遠的國度。

我們新聞和媒體秀出來的臨終和死亡，不是多數的北美國家的人會經歷的死亡過程。我們需要討論的臨終，是會發生在我們所愛的人身上，有一天也會發生在我們身上的臨終。我們需要決定，在我們的生命裡，臨終和死亡的意義是什麼。

《死亡和臨終的社會情境》（*The Social Context of Death and Dying*）一書作者，理查・卡里須（Richard Kalish）博士指出，死亡在我們社會裡有三個不同的意義：

- 死亡是時間的整理者。當死亡漸漸接近，人們開始領悟到，有些事情可能是最後一次發生的時候，時間就變得越來越重要——例如：最後一次回家，最後一餐，最後一次起床。當有人即將死亡，人們對時間的估算也會改變，有時候，時間是以病人的狀況變化來估算，狀況一變，可能就意味著死亡的腳步接近。其他的例子是，時間以臨終者期待見到或參與的重要大事來計算。例如等待已久的孫子／女出生，或是最後一次的聖誕聚會。
- 對於那些相信死後還有靈魂，或死後會轉化的人而言，死亡是一個過渡時期或旅程。許多人，包含原住民，選擇不用臨終和死亡這種說詞，當有人即將死亡，他們說他或她正在「過渡」或正要去「下一個地方」。再次證明，我們的語言，顯示出我們對臨終和死亡過程的價值觀和信念。
- 死亡是一個重要的失去經驗。它讓人全面的失去身體、心智、人格、記憶、希望和夢想。當一個人即將死亡的時候，體驗到的不僅只是個人的失落，例如失去獨立、健康或自我控制的能力，失去的還有與他人的關係。很多人經常提到，要跟臨終者說再見，是多麼的困難和考驗人性，然而，臨終者必須跟每一個曾與他有重要連結的人道別，那種失落感是相當巨大而且苦痛的。

我們可以為死亡做很多準備，而一切就從談談我們自己和他人的死亡開始，然後延伸到創造社群，可以互相關懷並在我們需要的時候，以慈悲的方式付諸行動。我們要給彼此空間來聊聊臨終和死亡，並給予臨終者全力的支持。伊莉莎白・庫勒－羅斯（Elisabeth Kübler-Ross），在她影響深遠的《論死亡和臨終》（*On Death and Dying*）書中，提出三個我們需要這麼做的理由。這本書之所以重要，是因為她開始鼓勵人們關注臨終之人。

- 臨終者仍然活著，而且他們經常還有一些需要或想要完成的遺願。
- 我們需要積極地聆聽臨終者，我們才能提供給他們需要或想要的照護。
- 臨終者的恐懼、擔憂、希望和夢想，可以教導我們很多關於共同的人性和人生的終點。

我們對臨終和死亡的態度，我們對這些生命事件所具有的知識，都反映在我們使用的語言裡，和我們面對的大眾媒體裡，我們四周的音樂、文學和視覺藝術裡。當死亡突然闖進我們生命時，多數的我們會發現自己完全沒做好準備，因為我們大多選擇忽視死亡，直到我們自己的「歲數大了」，或我們的親人往生。可是如果趁我們還爽朗有能力的時候，花一點時間和精力想想臨終和死亡，如果我們跟所愛的人聊聊，我們會發現透過檢視死亡，我們對生命有更多的理解和尊重。

一種「適當的」死亡

從過去到現在，對「好」死的概念已經改變了。在早期，好死經常意味著你是躺在床上自然死亡，而不是被戰爭、飢荒或疾病促成的死亡。可是我們現在的生活已經大大不同了，在西方世界的我們，安全又多半富裕，因此，「好」死的概念對很多人是困難的——我們會爭辯死亡一點都不「好」。所以有些在安寧療護工作的人士開始重新定義「好」死的概念，轉而專注在「適當」死亡的概念。

「適當的」死亡，是跟臨終者的一生可以接軌的。整個過程跟他的生命經驗，社會互動和適應方式是一致的。舉例來說，一個人如果一生重視的是獨立、相當的隱私和自理權，那他在生命的尾聲，也會尋找同樣的狀態。她或他想要的支持和照顧，是盡量尊重他／她的選擇的。

喬是我在安寧病房有幸能跟他相遇的一個人。他就是一個決定善生善終的例子。喬的一生經濟都不怎麼寬裕，他認為沒錢總是讓他不能好好過日子，他覺得安寧病房讓他不舒服；對他來說太「花俏」了，在家裡死去對喬才是重要的。喬的家雖然不是個我會想住的地方，但那是他的家，在那裡有社區的陪伴，喬想要怎麼生，就怎麼死。

在考量適當死亡時，包含的因素有：

- 維持一種身分的認同，所做的決定與認同感相符合
- 降低懼怕與內在衝突
- 反映一生的生活
- 來自重要關係的支持
- 繼續肯定希望和計畫的需求

當我們自己可以回答部分上面的問題時，我們就可以用這些來當成我們預先照護計畫的基礎。我們也可以用這些問題來開啟與他人的困難對話，讓他們把生命末期的願望告訴我們。

改變已經不遠了

彼得．索爾（Peter Saul）博士建議我們需要推動一個「霸占死亡」（Occupy Death）的運動，來打破我們對臨終和死亡的禁忌。我們需要為我們的臨終拿回發言權，很不幸的是，我們還有很長的路要走。

醫護人員和科學家一直被訓練成他們的工作是要克服死亡，而且他們會在權限範圍內極盡所能。但沒有人能永遠阻止死亡，經過這些在生命末期時立意良善的醫療，我們等於放棄了何時死、何地死、誰來陪伴的自主權。相對的，我們允許醫護人員、機構、藥廠、立法者和保險公司，來替我們做決定。我們的懼怕和整個社會避談死亡是生命的一部分，造成我們放棄對自己臨終的控制和所有權。我們已經忘記，如何讓臨終成為我們自己生命的延續。我們阻擋了家人和愛我們的人來接受挑戰，替我們的臨終下決定，只因我們從來不談論它。我們缺乏勇氣和詞彙，來跟我們的摯愛進行重要的對話。

科學進步的事實和影響力已經讓我們有機會活得更長、更健康，但我們沒辦法把死亡從人類經驗中連根拔起。

讓我們現在在生活中留點空間給臨終，在接下來的章節裡，你會發展一些工具和語言來談論死亡。我想要現在就邀請你，不管你目前跟死亡的關係為何，開始拿回主權。以下的問題會幫助你開啟這個過程，花點時間問問自己：

- 你第一次是怎麼學習到臨終和死亡的？
- 那時候的你在哪裡？
- 誰在你旁邊？
- 當你第一次開始了解死亡，你是幾歲？

- 誰是你的老師？
- 你從那經驗中學習到什麼？
- 那時候死亡對你的意義是什麼？
- 現在死亡對你的意義是什麼？

想一想這些問題，跟你的親朋好友討論一下，並分享你想到的故事。這樣做，你會開始掌握你生命的所有權，直到你死。你也會鼓勵你的親友，更願意公開他們對臨終所產生的想法和希望。

加拿大搖滾樂團「騎兵」（Trooper）提醒我們，「我們來這兒是享受一段美好時光，不是長久時光。」談論死亡不需要尷尬或不舒服，因為這些焦慮、害怕或懷疑都是我們共有的。讓我們把目標設高一點，然後肯定我們的生命會更好。當我們願意談論困難的話題，當我們談論臨終和死亡時，讓我們學習活出一種生命力，展現死亡的重要性。

改善我們的死亡素養，做出明智的決定

第二章

什麼是害怕活著？那就是籠罩在害怕死亡裡活著，那不是你來這裡的原因。你無須畏縮、無須懦弱，你的解藥，就是完全為自己負責——為你的時間，為你的空間負責，如果你不知道來這裡做什麼，那就做點好事。

——瑪雅・安傑盧（Maya Angelou）

沒有人能逃離死亡，而原本也應如此，因為死亡很可能是生命最好的一個發明，它是生命改變的動能，它清除舊有的，迎接新來的。

——史蒂夫・賈伯斯（Steve Jobs）

在我安寧病房的工作上，有幸支援的第一位病人，是個精神奕奕的女性麗仕。我們第一次見面，她就告訴我她從不懷疑自己是否還太年輕不該死，那年她九十四歲。麗仕喜歡冒險學習，過了充實又長久的一生，但像多數的我們一樣，她未曾花時間來想想她要的生命末期是什麼。當然在她九十四年的光陰裡，她接觸過臨終和死亡，但總是遠遠的接觸，她跟我說：「關於好好活著，我知道很多⋯⋯，但關於怎麼死去，我一無所知。」

她也告訴我，她感覺好像要踏上一個大旅行，手邊卻沒有地圖，也不知道預期會發生什麼。她對於往生的過程是害怕的，可是在孩子面前卻不想承認，因為她不願意造成他們的負擔。她怕自己對死去沒有準備好，對接下來的事情也一點掌控都沒有。

另一位女性是艾倫，她是癌末病人。當她進入我們的安寧病房時，她順手交給我一份檔案夾，「都在這兒了。」她說。「你有什麼問題再告訴我⋯⋯，可是請讓我照我的方式活著，我可能沒太多時間了。」檔案夾裡有關於她疾病的資訊，她要的照護、她想過她要的急救復甦方式，她死前需要聯絡的人，她重要文件擺在哪裡，喪禮要怎麼辦理，甚至還建議她的訃聞要怎麼寫。這份檔案夾代表了艾倫試圖在死前把她的事情都處理好，她一生都是個企畫者，也決定她的計畫和檔案夾將引導她走向死亡，她的醫療團隊只有幾個問題，以確認我們都有同樣的理解。但多數的時間，我們都花在讓艾倫所剩無多的日子裡，每一天都充滿生機——這也是她所想要的方向。

兩位女性，兩個美麗的生命，對死亡兩種截然不同的做法。艾倫在事先做了很多重要的功課，以確認她在生命尾聲的時候，能專注在對她最重要的事上。麗仕可以說是沒有準備好，而她的欠缺準備——也就是我說的欠缺「死亡素養」，造成她和她所愛的人不少壓力。

大部分的我們對於我們想要什麼，希望準備些什麼，可能會落在這兩位女性之間。可是看到這兩位堅強的女性，代表著光譜的兩極，對我們是很具啟發性的。

我的辦公室桌上擺著一個很棒的行事曆，九月的訊息真的讓我很有共鳴：「這個世界不會向著你走來，你越早明白這件事，你就越有時間打包行李。」如果我要替本章設計月曆，我可能會這樣寫：「我們都終將死去……，你越早明白這件事，你就越能備妥死亡，然後好好活著。」在這章節裡，我會談談什麼是當個對死亡有知識的人，為什麼很重要，以及你和你愛的人，如何循序漸進的加強死亡素養——理想上，進而替你和你周遭的人改善臨終的過程。

懼怕

什麼是最大的原因，讓我們避談或避免計畫臨終和死亡？懼怕。簡單來說，我們很害怕。臨終和死亡會帶來很多不同的憂慮和懼怕。一些普遍的害怕包括：

- **害怕身體的疼痛**：死去是一個我們都會經歷的自然過程，我們害怕它會很痛苦，我們無法想像我們要如何忍受——所以我們避免去想。今天，多數在生命末期時身體的痛苦，都可以靠藥物來控制，並獲得安寧療護的照料。
- **害怕心理上的苦痛**：對很多的我們來說，生命末期的苦痛是我們最害怕的事，當我們談到苦痛時，很重要的是明白苦痛不只是身體的，也是情緒的和社會的。我們不想離開我們所愛的人，我們也不想因為我們的離去，造成他們無可避免的傷心難過，對許多人而言，伴隨著臨終所帶來的情緒和社會苦痛，才是最大的磨難。

- **害怕未知**：即便我們對臨終過程都很清楚了（不是很多人清楚），我們還是未曾體驗過死亡。所以對未知，對結束的前一刻感到害怕是很正常的。可以把害怕說出來並跟其他人分享——即便他們沒有答案——他們還是會讓我們感到不那麼孤單。
- **害怕失去控制**：這對很多人是個大問題。我們活在一個注重自主權的社會，我們有能力自己做決定，自己掌控。在臨終的過程，我們越來越倚賴他人；因此，我們經常需要練習放棄控制，跟計畫和夢想說再見，變得更有彈性，更適應改變。我們可能需要別人來幫我們完成一些很私密的身體的運作以及日常生活行為，如清潔、吃飯，和走路等活動，很多的我們在臨終前害怕失去控制，對他人的倚賴日益增加。
- **害怕後悔**：多數的我們害怕死亡，因為我們怕自己似乎沒有活出想要的人生——或者活得不夠精彩。我們可能會後悔一些做過的決定，或沒試過的路，當還有時間練習接受和原諒自己和他人時，臨終前會比較平靜，這是我們處理後悔的方式。

否認：於事無補

當我第一次被檢查出罹癌，我對於治療計畫中的主要部分感覺一片空白。我的醫生會跟我解釋一些步驟，可是我好像覺得他們什麼都沒跟我說過：我不了解，也不記得他們提到的時程，治療計畫，甚至是即將進行的手術細節，換句話說，我處在否認中。

許多人面對挑戰的情況時，也跟我一樣。我的否認是有原因的，否認是一種配合的機制，就像避震器，可以保護我不受到痛苦狀況的猛力撞擊。我用否認，是因為當下的實際情況太震撼，我只能承受一點點。然而，漸漸地，我比較能開始面對新的事實，也比較能吸收一些資訊，很幸運的是沒人在這個過程催促我。我的先生和醫護人員都理解我的否認，並希望那是個微妙的平衡作用。他們再次說明一些我做決定前需要的資訊，但他們沒有強迫灌輸一些枝微末節的事給我，如果我不需要馬上知道的話。

很明顯的，否認可以是有用的。它讓我們照著自己的速度消化資訊。它讓我們在面對疾病和臨終時，還可以專注在真正能使得上力的地方，暫時不需要煩惱一些我們控制不了的事情，有些人說否認替希望創造了空間。

然而，否認並不一定是正向的配合機制，不仔細檢視的話，可能會讓我們不能好好的或適當的死去。舉例來說，當否認干擾了一個人對醫療或照護下決定的能力時，或否認讓他們無法跟所愛的人進行重要對話時，否認會是個問題。如果否認讓一個人即便產生新症狀也不願意被檢查或治療時，後果可能導致不必要的疼痛，或健康迅速的惡化，這些原本都是可以避免的。

所以，你怎麼區別健康的和不健康的否認呢？因為否認其實是有原因的，如果試圖強迫他人面對現實，「拆穿」他的否認，可能是在幫倒忙的。我的原則是：只要否認沒有傷害到他自己，讓他們無法做重要的決定，或影響他們的人際關係，那就讓他們暫時否認，這也許會幫助他們理解，並慢慢接受狀況或臨終過程。但如果否認對他們沒什麼用，我們還是要鼓勵他們，雖然否認是他們配合的方法，但他們可以多花點時間想想，如何把精力花在其他的事情上。我們在安寧療護中經常說：「擁有最好的期待，但準備最壞的打算。」讓他們採用自己的防禦機制，但可以建議他們採取行動和計畫。舉例來說，你可以溫柔地提醒說，你也是保持希望的，但如果事情都不如大家所預期的，其他的計畫還是得先準備好。

讓對話超越恐懼

我們對死亡的恐懼是巨大且真實存在的。我們會有一些無解的疑問，和找不到解決方案的問題。如果我們想讓自己超越恐懼，我們需要公開的對話，來聊聊如何能減輕我們的恐懼。當我在安寧病房跟病人一起工作的時候，我總是問他們害怕些什麼，但話題並不停留在那裡。我會問他們：過去生活中你怎麼讓自己不害怕？什麼給你安慰？當你面對臨終時，什麼可以讓你心靈平靜？即便你瀕臨死亡，什麼可能帶給你美好的一天？你過去克服的挑戰有哪些？你如何用同樣的技巧和資源，來幫助自己接受臨終的挑戰？

這些是困難的問題，但它們都是重要的問題。它可以幫我們針對和解決一些痛苦的挑戰，這是死亡素養過程中必要的一部分。

當個對死亡有素養的人

當我們想到素養，我們大多會想到閱讀、數學，或者可能是情緒或數位技能。更廣泛的來說，我們講的是熟悉某個特別主題所需要的知識。死亡素養指的是，為自己和他人計畫和支持臨終所需要的知識和技能。

我們為什麼要增進我們的死亡素養呢？因為知識就是力量：知道臨終和死亡會讓我們在臨終時做出正確和有力的決定，它會讓我們熟悉並更有效的使用有關於死亡的系統和程序。對死亡有知識讓我們及我們的摯愛在臨終時，能對照護有更主動的想法。事實上，具有死亡素養有諸多好處，舉例來說：

- **較不害怕**：很多的我們害怕未知，而死亡一直都是生命裡最無法理解的部分。然而，根據我的發現，當人們認清死亡的真相，花時間學習並做好準備時，他們比較不會害怕。
- **更有觀點**：對死亡有合理的尊重，能鼓勵人們擁抱生命。這種接受會激勵我們活得深入而完整，也想想在這世界上能留下什麼軌跡。若我們接受生命總會結束，我們比較容易能專注在當下。而且把對我們重要的，讓我們快樂的事擺在首位。

- **更多喜悅**：被診斷出重病的人，經常說他們變得在生命中更積極，也更能專注在對他們真正重要的事情上。他們努力跟自己喜歡的人一起享受時光，做一些有意義的活動，把時間和精力花在該花的地方。如此一來，活得豐富、活得專心，才能好好死去。當我們明白與接受，生命與死亡原本是緊密相連，我們能更充分地擁抱生命，並更優雅地接受生命的終點。
- **更多動力**：了解死亡是生命的一部分，會挑戰我們完成重要的任務。我們會試圖展開重要對話，達成我們的目標，踏上夢寐以求的冒險。
- **對靈性和連結有更深層的感受**：思考生命的結束是挑戰我們目前的存在。死亡會帶來一些大哉問：到底這一切是什麼？死後有生命嗎？我的生命有什麼意義呢？不管你有沒有宗教信仰，思考這些問題會幫助你感覺，你與一些更廣大的東西是連結在一起的。他會讓你的生活，與跟他人的關係更深入，它會引導你度過死去的過程。

當一群人具備了死亡素養，他們很自然的會開始呼籲改善人們臨終的照護、知識、技能經驗和社會改變，都是死亡素養的部分。這些要素合在一起會促使人們改變現狀，發展社會能力，來關注並肯定臨終和死亡，是生活和生命完整的一部分。

- **更加平靜**：很多人表示一旦他們花時間和精力，來決定臨終前想要的照護時，他們會感覺比較平靜。做一些實際的安排——例如一份預先照護計畫、一份遺囑，甚至可能是喪禮的辦理事項——可以讓我們維持掌控的感覺，也維護我們很重視的自主權。很多人把事情安排得井然有序，心理才能怡然自得。即便他們還預期可以健康活個好幾十年，他們還是會事先計畫。

所以，我們如何能更有死亡素養呢？我們如何改善臨終的狀況呢？我們如何增加管道，來接觸即時且適當的照護、醫藥和專業支持？對於我們想在哪裡死，我們如何感到安然？瀕臨死亡前如何平靜呢？

預先照護計畫

在加拿大，預先照護計畫是增加善終機會的重要方法。從前，一份「生前遺囑」文件會記錄你的遺願和你期待的照護。現在在加拿大，我們大部分稱之為「預先照護計畫」。然而，這份文件是否具有法律效力，會依據你在加拿大所居住的地方而異。每個地方也可能有不同的名稱，例如生前遺囑或醫護方針。加拿大安寧療護協會形容預先照護計畫是一個反思和溝通的過程。它是個讓人們思考價值和願望的機會，並讓他們的陪伴者，在整個臨終過程中知道什麼對他們是重要的。

預先照護計畫幫助人們對於想要如何被照護，想要何種治療，想在何處死亡，想要何人陪伴等，維持一些掌控。

預先照護計畫不是一次就完成的事，而是個持續進行的過程，可能隨時間而更改。很重要的是我們跟愛我們的人，談談我們的希望和害怕。跟我們的醫護人員，討論我們健康和診斷的真實狀況，這樣他們才明白我們的選擇，我們要想想我們自己要的是什麼。但有時候我們也需要鼓勵我們所愛的人，開始擬一份預先照護計畫。

以下的問題可以幫助你和你所愛的人開始思考預先照護計畫：

- 你未來健康上最有可能的挑戰是什麼？
- 你想要或需要的照護是什麼？如果你病得很重或很痛苦，你想要如何控制這些症狀？想要如何平靜的死？在減低痛苦與保持清醒之間，你要如何選擇？
- 理想上，你希望在哪裡死去？
- 在你臨終前，什麼對你是重要的？例如：看到你的孫子／女，盡量待在家裡，維持獨立，還是越少痛苦越好？
- 你怕死嗎？為什麼怕？或為什麼不怕？你對死亡怕的是什麼？如何能減輕你的害怕？
- 在你死前有什麼必須要處理的事情嗎？那些事是什麼？你可以解決的步驟是什麼？

- 在臨終之前，誰在你身邊是很重要的？
- 你信任誰？或者說你想要誰來幫忙照顧你，或替你做決定，當你自己已經不行的時候？
- 你死去時，你想要誰在身旁？
- 對你來說，你需要做什麼、想什麼，安排什麼才能安心地走？
- 你需要計畫什麼，才能讓你的死反映出你的一生？

當你開始思考這些問題，寫下你的答案，紀錄自己的想法、希望和偏好，可以提供指示給未來需要替你下決定的人，當你自己已經做不了主的時候。相反的情況也一樣，若你所愛的人已經列好優先選擇，你也比較知道什麼才是該做的事。

進行這樣的計畫，絕對不是要告訴大家，我們要放棄活得長久健康的希望。事實上恰恰相反。它是讓我們明白，有一天，我們都會死，做準備是確認我們在終了的時候有尊嚴、控制和選擇權。思考臨終和死亡讓我們轉移我們的注意力，希望我們的餘生，活得精彩可期。

決策替代者或代理人

一個人代表他人做決定叫做「決策替代者」或「代理人」。依你住的區域而定。不論叫什麼，此人答應做你的聲音，在你臨終的時候。你相信他可以代表你，為你的最大利益著想，你的醫療團隊會依據此人做決定，並指引醫療方針。因此，很重要的是，你的決策替代者了解並體會到什麼才是你重視的。這個人需要願意，也能夠替你說話，提出你的優先選擇。當你無法自己言語的時候。當選擇一位決策替代者的時候，有些問題是你可以考慮的：

- 這個人會聽我說，並尊重我覺得重要的事情嗎?

• 他們會替我爭取嗎？
• 如果他們對生死的看法跟我不同，那他們能執行我要求他們的事情嗎？

死前要知道的事

不論有多少的我們，仍想過著否認臨終和死亡的生活，實際上，死亡是少數我們確定會發生的事情之一。雖然臨終和死亡還是充滿了很多未知數，我們仍然可以為我們自己做好知性的、感性的、財物的，甚至身體的準備。麗仕的死亡素養能增進並且做好一些死亡的準備，源自於家人和安寧病房工作人員的協助。她坦承這些功課很困難，她也希望能早一點知道這些事，但至少對話與溝通已經減輕她很多的害怕。改善我們的死亡素養，可以把死亡從我們的邊緣意識，移到思考與尊重的區域。所有的對話、計畫和體驗，可以讓死亡更個人化、真實且有意義。

死亡對家庭的重要性

第三章

我不認為你每天都該想這件事，但關於你想跟家人進行何種對話，我認為它值得被放在你心裡的某個地方……這樣他們會感受到，你不是永遠存在的。

——可芮．泰勒（Cory Taylor）《臨終：一本回憶錄》（*Dying: A Memoir*）作者

當我爸爸告訴我和我弟弟，我們的親祖父——我的歐爸——已經過世的時候，我不是太驚訝，那時候我十歲。我知道歐爸一直病得很重，而且我以為他已經很老了，因此他的死去雖然讓我有點難過，但感覺是合理的。

「真正」讓我驚訝的是，祖父過世後，當我們抵達祖父家時，迎接我們的是歡樂的氣氛。我們經過房門，走進一間充滿笑聲、喧嘩和酒杯碰撞聲的大廳，看起來像在辦宴會，像是我祖父生前辦過的宴會。我害怕的看著我父親，問道：「沒人告訴他們祖父死了嗎？」

直到那之前，我對死亡有限的知識都來自電影。我大概知道通常人們會很悲傷，而且當他們所愛的人死去的時候，他們會痛哭流涕。但沒有人告訴過我，人們事實上會經歷很多種複雜的情緒，沒人跟我說過回憶的力量，我也從來不知道，帶著歡笑與淚水，慶祝一個人美好的一生，是有可能的。我祖父的死，和接下來的為他生命喝采的宴會，是我個人死亡教育的轉捩點。現在回想起來，它讓我開始理解，死亡是非常重要的家庭事件。

臨終，不是一個真空狀態，它是對整個家庭有影響的。在安寧療護體系裡很重視這塊，往往把服務對象稱之為「家庭系統」或「以家庭為單位的照護」。我們的家庭是我們臨終和死亡的第一位導師。我們會聽到親人死亡的故事，我們會學習到老一輩的人如何悲傷度日。我們會知道該如何表現、該說些什麼，或甚至我們是否該害怕臨終和死亡。經常在死亡的過程中，家庭是愛的泉源，是支持與安慰的力量。但同樣的，在面對壓力與痛苦時，家人之間根深蒂固的、無用的、不健康的溝通方式，也是一大挑戰。有個家庭曾經冷冷地告訴我，當他家的皇太后快要走的時候，「大家彼此戲謔，我們這個家不太正常。」

當然，很重要的是，家庭是什麼，定義有很多種。對不同的人來說，「家庭」有不同的定義。家人，可能是以血緣、婚姻經歷和其他相連。從本書的目的來看，家庭單位可以定義為：任何臨終者認為的家人。

本章會解釋，在困難期間，家人之間需要的溝通，並提出一些背景故事，談談他們是如何試圖跟彼此對話並互相配合。

我們都是一家人！

每一個家庭都是獨特的，正因如此，我們無法預測對於家中成員的臨終和過世，每個家庭單位會如何反應。雖然在面對死亡時，多數的人都經歷類似的感受，但他們可能在不同的時間，穿過不同的情緒路徑。得知家中成員即將往生是個痛苦的一擊，尤其當疾病是突然或預料之外的。家庭成員一開始會覺得震驚且愣住無法思考，接著經過些時間才能消化資訊。接受事實及結果，成了每天生活的一部分。同樣的，許多家中成員也要先開始了解臨終的過程，漸漸地，他們對死亡的理解，從頭轉移到了心，他們會開始承受更大的情緒震撼。這些發生的速度，家中每個人都不一樣——因此而造成摩擦，當家人對臨終死亡理解和適應的速度不同時，家庭往往會產生爭執。

在面對死亡時，雖然每個家庭都有不同的時程、期望、要求和適應的方法。我在我的工作中還是看到一些共同點。

家中人員需要試著角色轉換。我記得跟一個有五個兄弟的家庭共事過，他們在青少年時期父母就過世了，後來大家分住各地，各有自己的家庭。五兄弟中的老四——哥哥們形容是家中的「黑羊」——即將不久於世，從小到大，他一直是個頭痛人物，每次惹了麻煩，兄弟們都得聚在一塊兒，了解狀況，並討論這次怎麼把他從混亂中解救出來。

當老四這次躺在那裡快斷氣時，兄弟們徹夜守著，分享一些瘋狂的冒險（不幸遭遇）和事件。他們不禁在想，當「黑羊」不在了，麻煩事兒也沒了，還有什麼能把他們四人連結在一起呢？

我們在家庭裡都有自己的角色：黑羊、叛徒、和事佬、社交高手、寶貝和「扛責任」者。當家裡其中一人被診斷出不治之症，這些角色經常需要變換。當病人死後，沒了那個角色，剩下的成員，需要找出方法繼續生活下去。舉例來說，當家中的經濟大樑倒下的時候，其他過去沒有貢獻的人，可能要開始提供財務的支援。如果和事佬即將離世，以後沒人能居中調停，那家庭單位需要找到新的方式來互動和聯繫。如果祖母在生病之前一直是家中連接的橋樑，那她的家庭可能會覺得困惑和分裂，因為家中成員是靠著她才維持家庭的和諧與強大。

有時候，這些角色本身就是很不健康的：家裡的「寶貝」永遠都不需要學習照顧自己和付出義務。而有些人總是當個照顧別人的人，或是一直表現得堅強和冷靜的人，可能沒有給自己機會喘息或照顧自己的需求——或是允許別人來照顧她，家中成員應該每個人都能為自己負責並互相扶持。

雖然有些家庭能自然的適應角色轉移，其他家庭多半很掙扎。有時候，不同的家庭成員取代了某個角色——舉例來說，負責舉辦節慶聚餐或當起新的和事佬，有時候，如果原本的角色讓家庭互動是不愉快的、有壓力的，那麼不再配合演出，對其他家庭成員來說也是個解脫。

然而，無論是正面或負面，角色轉變，都會引起不安，也會引發新舊情緒。

家人應關注主要照護者。在病情進展到末期的時間中，家裡的某些成員會開始成為主要照顧者。照顧者可能是親力親為的，如提供餵食、沐浴、更衣或服藥等身體上的幫助，也可能是一些實務面的支援，如交通往返、預約診療、打掃房子，或清理落葉等。它還有可能是情緒上或甚至是金錢上的依靠。照護絕非易事，而且照護者經常覺得孤單、忙不過來和透不過氣。在加拿大，我們對我們的非專業照護者期待很大，現在我們正開始關注他們在照護親人臨終時所面對的挑戰。

許多曾經有過照護親人臨終經驗的人，都覺得是有意義和滿足的。他們承認在很多層面上是困難又疲累的：情緒上、身體上、精神上、社交上和金錢上。因此，種種原因讓我們一定要記得，最主要的照護者也需要來自家庭單位的支持與幫助，他們才能繼續照顧臨終者，支持照護者可以是實際面的（如幫忙備餐和交通接送）或情緒面的（如聆聽、安排休息時間，或有機會讓他們發洩情緒）。

這些都是說得比做得容易。家人臨終時，不是所有的家庭，都以同樣的方式參與照護與支援。有時候，責任是共同分擔的——但常常不是這麼回事，有些人住得比較近或跟臨終者比較親，或是比較會處理壓力和情緒，就做得比較多。當然有些家庭對於突發狀況或照護問題表現得幾乎合作無間，似乎在照顧臨終者時自然地就知道要互相幫忙。然而更常見的是，開始有爭議：關於什麼是正確的行為？誰沒有盡責？誰應該做什麼，或工作該誰來做等，除此之外，強烈的情緒，舊有的家庭習慣，和根深蒂固的合作模式，再再都增加了照護的困難。幸而，當加拿大人開始明白這些挑戰時，成立了越來越多的支持團體和義工機構，以提供服務給照護者，讓他們得以喘息。聯邦政府所提出的關懷照護補助方案，就是為了減輕照護者的壓力，讓他們能持續照料臨終者。

家庭需要開明的溝通。花點時間想一想，你家的溝通模式是什麼？誰通常會主導？誰通常是第一個知道消息的？誰又是最後一個被通知消息的？你通常最信任誰？而誰的說詞是需要被驗證的？

溝通一直是家庭運作重要的一環。當家中有人垂危時，更要重視溝通，因為不良的溝通是許多家庭糾紛的核心問題。舉例來說，很多家庭逃避坦誠的、困難的臨終對話，是想保護彼此。有不少人相信越談論死亡，死神就會越快來到。或者他們認為這些對話太痛苦，家裡有些人會承受不住。

事實上，開啟困難的對話，反而讓事情好辦一點。雖然我們沒有一個人喜歡討論臨終和死亡，但預先照護計畫研究顯示，進行對話，會減少孤單和寂寞感。相不相信，忍住不說出你想說的話，反而要花上更多的情緒能量。所以請允許我們自己表達我們的感情和憂慮，釋放我們的能量，在更重要的如照護的事情上，這也幫助家庭的成員形成必要的連結。

很重要的，家庭成員中必須找到一個有效和容易的方式讓訊息流通。如果你的家庭發現談論臨終過程很困難，那麼聚在一起跟醫護人員見個面可能是個好辦法。直接從醫療團隊聽到和吸收訊息，往往對家人來說容易一點。大家可以問問題，並了解接下來會發生的事情，很多家庭都提及這種會談對它們很有用。我知道有個家庭採用另一種辦法：他們設立了一份Google文件，全部的家人都可以看得到，裡面儲存並分享他們親人的疾病和發展以及預期結果。負責陪診和照護的家庭成員每日會更新資料，用這種方法，沒人會抱怨他們在狀況外。我在書後面的章節會再回到這點，並列出一些社群媒體平台，可以讓家人分享資訊給彼此或更多的人。

家庭需要做決定。對死亡和臨終有很多決定要做，人們需要對治療下決定：要不要接受治療，接受何種治療，然後如果無效，何時停止治療，人們需要決定要不要服用止痛劑，什麼時候需要尋求醫護人員的意見或支援，要不要進入安寧病房，或是回家接受治療等等。

可能的話，應該盡量讓臨終者，只要他還行或他還想做醫療上的決定。然而，很常見的是，臨終者會徵詢他們所愛的人的想法，來幫助他下決定。我們的醫療系統會希望有一個人來代表臨終者，他成為家人的代表來負責做決定。在很多家庭，可能有別的家人，甚至所有的家人，都想要加入重要治療和照護的決策過程。可是很要緊的是，醫護人員必須透過一個關鍵人物，得到一致的、清楚的方向。你可以想像得到，醫療團隊的壓力和混亂，當他們從不同的家人獲得不同的指示時。

偶爾會有家人為了想幫忙，強行介入來告訴臨終者他應該怎麼做。不意外地，他們的意見臨終者常常聽不進去，被告知該做什麼，有時候造成了反效果，導致抵抗和延誤重要決定。如果你很關心一個即將要做出的決定，比較好的方法是，先說一說你擔憂的是什麼。舉個例來說：「我知道這是很困難的決定，我也知道你從沒想過，在人生這個階段，需要下這個決定，我看見你試著讓一切圓滿，可是我擔心……」，或者，「你可能從來沒想像到，自己需要下這樣的決定，但很不幸的，現在你必須下決定。此時此刻，你的想法是什麼？」

我們不常討論，臨終和死亡也會造成巨大的財務影響。除了照護問題外，臨終者和他的家人也需要做經濟上的決定。如果臨終者是家中的經濟支柱，那沒了薪水該怎麼辦？他們有殘障或其他保險嗎？如果照護者需要跟公司請假，或找人顧小孩呢？還有，理所當然的，臨終者過世後，他的財物隸屬於誰呢？

就如同健康療護問題一樣，很多人避開財務決定，因為他們還沒準備好接受自己每況愈下的事實，或者他們的成長過程中，家裡總是避不談錢。我們或許都同意，談錢傷感情，因為人們想要自己掌控自己的金錢，但也許關於財務的對話可以這樣開始：

「我想跟你談談錢的事情，我知道這個話題可能讓你不舒服，你不想談，我也知道你一向自己管錢，這對你很重要。但我有點擔心，如果你開始沒辦法處理目前的開銷或帳務問題，我想讓你知道，我可以幫得上忙。」

家庭需要找機會說再見。我曾經遇過一個非常有組織、積極且堅強的家庭，家中有三個女兒照顧在安寧病房的母親。長女列了一張母親過世前必定要做的事項清單，在單子上的其中一項，就是好好說再見。很明顯的，這個女兒，想要一種椎心刺骨的感人畫面，就像好萊塢的催淚電影一樣：淚流滿面的表現出愛與原諒的真諦。

然而媽媽從來就不是一個過於感性的女人，一生之中也從來沒有大喇喇地展現過她情感的一面。她的個性不會因為即將離世而改變——她也如實的告訴女兒，然而女兒對感性連結的渴望實在太大了，結果卻造成家人之間的衝突。妹妹們都站在媽媽這邊，「妳需要放下了，讓媽媽做她自己。」老么這麼告訴長女說。

過了一陣子，我發現媽媽最喜歡的歌是〈紅河谷〉，加拿大人對這首老歌的歌詞耳熟能詳。它描寫了說再見時的悲傷情感：

他們說，在這山谷裡，妳將和我們道別
我們將會想念你明亮的眼睛和甜美的笑容
他們說，你即將帶走
曾經照耀著我們的陽光
（合唱）
如果你愛我的話，請坐在我身旁
不要急著說再見

但請你記得紅河谷
那真心愛你的女孩

因為其他姊妹支持媽媽，長女最後還是妥協了，她放下原本對臨終道別的想像，改為坐在她媽媽的床邊，輕輕唱著紅河谷，一遍又一遍。她的妹妹們也加入她，有時候她自己唱；有時候跟著媽媽唱，那成了她們說再見的方式。

我有幸參加這個家庭的葬禮，那是個美麗的生命禮讚。儀式尾聲的時候，女兒們為母親最後再唱了一次紅河谷，這一次，她們加入了自己的歌詞，表達她們對母親的愛，以及她們如何感謝在生命中有母親的陪伴。新的歌詞讓她們有機會，唱著說再見。

說再見可以有很多形式，包括唱歌、寫信、深度對話和影音。許多人有自己的儀式，舉例來說，我的阿姨就不喜歡盛大的、情緒性的再見方式。在她臨終時，她邀請親朋好友到她的家裡，家中有些筆和彩色的便利貼：我們被告知，在家裡到處走走，看到什麼喜歡的就貼上自己的便利貼，然後我們再告訴她，我們想帶走的是什麼。對我阿姨而言，這件事很重要，她想要知道，我們選擇什麼東西，會讓我們睹物思情。

人們需要感覺到，慶幸自己曾經有機會好好告訴臨終者，他們是愛她的，他們也會永遠想念著她，臨終者也需要有這樣的感覺。經常家中成員該被提醒，當每個人跟臨終者說再見的時候，臨終者等於有許許多多的再見要說，對臨終者來說，這是困難又需要情緒勇氣的。我們要記住這點，注意我們所愛的人，是否耗費太多的能量。

家庭需要計畫死後儀式，像是喪禮、下葬、火化、守靈和其他禮儀形式。當有人臨終時，他們的家人往往集中精力在把握最後的時間相處，他們最不想去思考的，就是喪禮和追思儀式。他們也可能會覺得不安，因為臨終者還活著就開始準備喪禮——他們甚至會覺得大不敬，好像他們在催促死亡。

然而，很重要的，還是要跟臨終者談談，她或他死後，希望別人怎麼處理他們的身體，還有，希望別人怎麼敘述和緬懷他的一生。這些對談，可以提供寶貴的知識和準則——當你很清楚的知道，你所愛的人想要什麼的時候，計畫喪禮和儀式會容易得多。有時候，臨終者會想要積極的參與規畫她或他的死後儀式，有些臨終者卻一點也不願意去想，多數的人居於兩者之間。他們會提出幾個對於他們最重要的細節，和他們「絕不」想要的部分。舉個例吧，有位我曾經跟她一起工作的女性，跟她臨終的父親提起喪禮的話題，她父親告訴她——就像大多的加拿大人一樣——他不想要她「大張旗鼓」：他不想要家人為他的喪禮「浪費太多錢」。畢竟，屆時他已經死了。但他的確想要被火化，然後把骨灰罈放在一個安靜的地方就好。他讓她知道，他已經為自己存了一筆錢，可以支付火化和喪禮的費用。而且，他還想用這筆錢，最後一次的，請他的冰壺運動的夥伴們好好喝幾杯，把酒言歡一番。

他的女兒後來針對這些方向去規畫，這個家庭在地方的殯儀館舉行了小小的追思會。父親的骨灰現在在家中小屋的壁爐台上。當冰壺運動季節開始的時候，他的女兒去幫父親的夥伴們加油，第一場比賽結束後，女兒請全隊喝酒，隊友們舉杯向父親致敬。杯觥交錯之間，念念不忘父親以前表現精彩的幾場比賽。

這個例子告訴我們，加拿大人已經漸漸地遠離傳統的葬禮儀式。當然，為我們所愛的人舉行某種儀式或追思會還是很重要的，有些儀式是具有相當意義的。首先，決定火化或埋葬，讓家人得以尊敬的方式處理逝者的身體。

儀式也讓我們能肯定、致敬，和表達我們對逝者的愛與思念。它讓我們得以團聚，讓關心和支持喪家的團體彼此流通。所有這些過程對正在哀慟和適應的家庭來說，都是很有幫助的。

與臨終者開啟有關死後儀式的對話是很困難的。有個方法是，把這種對話定位於生前照護計畫的延續。有位我支援過的家庭成員，她跟父親的討論是這樣開始的：

「爸，從你生病以來，你一直告訴我們什麼對你是重要的，我們也都用心聆聽，即便有時候我們不太同意你的想法，就像我們現在盡力照顧你一樣，你死後我們也想好好照料你的身體，你可以告訴我們你想要的方式嗎？」

我阿姨是那種鉅細靡遺的計畫自己喪禮的人。她預付了禮儀公司，自己選擇棺材，商請她最喜歡的宗教職事來主持，選好音樂，並讓我、我哥哥、我先生試唸她挑好的經文給她聽。但她的準備項目中最特別的是，她堅持要我哥哥在她死前買好各式各樣的小丑鼻子道具，越多越好。我阿姨生前是個戲劇老師，還是個訓練有素的小丑，她想像我們每個人在喪禮上戴著小丑鼻子，就開心的不得了。

她的特別要求，讓原本悲傷的情境增添了幾分幽默感，我們也覺得能這樣榮耀她是件很好的事，沒人敢不戴小丑鼻子。

度過死亡所引起的家庭糾紛

在完美的世界裡，當家中有人即將過世，所有的人都會出現，站在床旁邊和諧的陪著，我們會互相扶持。對於盡我們的全力支持我們的所愛，都很自信的達成共識。我們能夠安然，因為我們知道我們完全遵照臨終者的期望，溝通總是公開透明，家裡每個人的聲音都被聽見與理解了。

很不幸的，事實經常並非如此。即便在最好的狀況，家庭成員都不見得是同心協力的。再加上照料臨終病人的壓力，以及死亡腳步的接近，就算是平常和樂融融的家庭，也很有可能起衝突。在這段壓力非常大的期間，新的糾紛和舊的傷口，都會一併爆發，家庭成員之間可能要忍受異議、怒氣、金錢上和情緒上的緊繃。許多常見的情況會引發衝突：

- **家庭角色**：正如前一章所提及，不同的家庭成員在家中會維持不同的關係，扮演不同的角色，讓我們面對這個事實吧，我們永遠都會比較喜歡跟某些親人相處，而不是所有的親人。每個家庭成員跟臨終者的關係也不一樣，有些人可能很愛臨終者，彼此關係很親密，有些人可能跟臨終者的關係是充滿抱怨、憤怒和罪惡感的。過去手足之間的對立可能又浮上檯面，舊有的憎恨與爭執也重新被挑起。
- **接受**：家中的成員就算他們接受臨終者即將死亡的事實，也會以不同的方式接受。我們對臨終和死亡有不同的體驗，也有不同的素養。有些人善於體會臨終者的意思，很能進入狀況；其他人可能一直試著否認，談的都是治療搶救的方法。
- **懼怕**：有些家庭成員在醫院裡很自在，也了解臨終的過程。有些人看到他們所愛的人日益消瘦衰弱，會感到害怕，他們難受到甚至不想出現在醫院或坐在病床邊。

- **距離**：很多家人住得很遠，他們對於自己無法盡一份心力，可能覺得很有罪惡感，而其他家人可能因此心生怨恨。
- **罪惡感與憤怒**：同樣地，每天主要負責照護的家人，對於那些比較幫不上忙的家人，可能會感到生氣甚至是憎恨。他們似乎覺得自己的人生就此打住，或其他的家人都一副事不關己的樣子。他們也可能會覺得罪惡或沮喪，因為無論他們做什麼好像都於事無補——臨終者還是一步一步地走向死亡。
- **分享資訊**：家庭成員對資訊的管道有所不同，有些人扮演的是「守密者」——他們知道一些別人都不知道的事情——他們可能是孤單的。而那些不被信任的人可能會感覺不明就裡，甚至是忿忿不平。

意見不同不等於你或你家犯了什麼錯，或是你們是個問題家庭——雖然你常常會這麼想。很重要的，我們該明白，家裡有紛爭是在所難免的。事實上，臨終和照護所帶來的壓力和改變如此巨大，很難想像完全沒有衝突產生。如果你事先就做好心理準備，就比較能面對紛紛擾擾。

無論如何，家人都可以試著包容一點——對自己包容，也對他人包容。承認自己的壓力，盡量去分清楚別人的憤怒和負面情緒是對事不對人，並非針對你，你也可以從家庭以外的人找到支持：你的朋友、你的同事、你靈修團體的人或甚至是醫護人員。有些醫院、癌症中心和安寧病房都有社工人員或諮商師，可以跟家人聊聊，他們可以提供家族或個人諮詢。

有時候，當所愛的人臨終時，家人之間反而會驚訝於彼此是資源豐富，毅力不撓且互助互愛的。有個家庭成員在照護計畫中曾告訴我：「我們從來都不是什麼模範家庭的，但我們都很愛爸爸，而現在爸爸需要我們，所以該是我們一起合作的時候了。」這個家庭試著把大家的差異擺在一邊，集中在父親身上。他們做得到，是因為採取了務實的和主動的方式：

- **務實的方式**意思是提出類似這樣的詢問：「我們現在要做什麼才能讓一切順利？」他們準備了一個檔案夾，裡面放有醫療資訊和行事曆，上面列出誰要負責什麼事項，他們也感謝社工為他們協調了一個家庭會議，讓他們同在一條軌道上，專心於眼前的事——照顧父親。

- **主動的方式**意思是提出類似這樣的問題：「我們現在該做什麼好讓我們家庭以後回憶起來沒有遺憾？」他們知道對父親來說，他們同在一起為父親貢獻一點心力是很重要的。沒有一個人想在這時候「讓爸爸失望」，所以他們確認自己不要有任何後悔或遺憾，在父親生命的最後階段缺席，他們專注在「為爸爸做最好的安排」，他們照顧爸爸，直到最後一刻。

進行對話

我之前說過，要進行關於臨終和死亡的對話絕非易事，但它是值得去做的事。它不是得要很嚴肅或很恐怖，它也不一定要是個很長、很正式的「活動」，還把議事主題一一列出討論。它可以是一連串的非正式對談，讓大家相互信賴，漸漸勾勒出臨終者想要的是什麼，包括臨終照料和死後事宜。以下提供一些建議和祕訣，幫助你開啟這樣的對話。

從別人的經驗學習。有時候先開始聊聊別人的故事，會很有幫助。你可以藉由故事把大家帶進你想要的情境。「你聽說蘇珊姨婆的事了嗎？她很明顯的心臟病發作，然後在睡眠中辭世。她的家人都驚訝不已，因為她看起來健康得很。她兒子發現她沒有遺囑，也沒人知道她想要的喪禮或追思儀式是什麼，結果掀起了家庭大戰，每個人都有自己的想法，而且堅持不下，對她的家人來說，現在恐怕是最困難的時候了。我不希望我們家也會變成這樣，讓我們盡量避免好嗎？我在想，對他們會比較容易，如果他們早點開始想……」

專注在最近的新聞事件。我在寫這本書的時候，名人死亡的悲劇新聞層出不窮，經常可以拿來當開場白：「我真不敢相信大衛・鮑伊和艾倫・瑞克曼死了！我都不知道他們生重病，他們生前有沒有做什麼計畫呢？你知道他們是否有指定代理人呢？我想我如果是他們，應該會要這麼做的……你呢？」

「怪罪」到別人頭上。「我今天去見了我的醫生／律師／護理長／會計師，他們問起我，萬一我怎麼了或是生了嚴重的病，我有沒有一些計畫或安排。被這麼一問，我完全愣住，我才想到，我都沒有跟你們說說，什麼對我是重要的，你們想過這些事嗎？我現在要告訴你們，如果我一病不起，我想要什麼樣的治療，還有我的喪禮要怎麼辦理。」

拒絕談論這些話題是很常見的，比起臨終，我隨便就可以舉出其他十個我想聊的話題，但別的話題很少比這重要的。如果你想對談的家人不甩你，溫柔地繼續試試，恆心加上一些創意，一定會有收穫的。

我婆婆是個見多識廣，很聰明的女人。因為她以前是護士，我就假設——錯誤的——她早就對自己臨終時想要的照護有很多想法。有一次節日的時候，我跟我先生試著挑起這個話題，結果簡直就是拒絕的典型案例：她立刻走出了房間。我跟我先生不想輕易放棄，我們後來仍繼續尋找和製造一些機會來跟她談。我們並不想委婉，每次她來我家的時候，我們會把預先照護計畫與安寧病房的簡介放在她的枕頭旁邊（她是有幽默感的）。有一次聖誕節，我們還送她阿圖・葛文德（Atul Gawande）有關臨終和死亡的書《凝視死亡》（*Being Mortal*）當作禮物，她終於態度軟化了。雖然她還是不想談論她要的臨終照護，至少這本書給了她動力，讓她告訴我們，什麼是她「不」想要的，這也是極為重要的資訊。舉例而言，曾經當過護士的她說，如果當她被診斷出罹患絕症時，她不想被急救，她也提醒我們她絕對不要被插入餵食管，這兩件事就是很好的起點，讓我們了解在她生命末期的時候，她的優先選擇是什麼，她還把這本書分享給她讀書會的朋友呢！

一個不會給人壓迫感的討論可以像這樣開始：

「媽，我知道妳不會這麼快就想死，我也要讓妳知道，我很希望妳會在我身邊，長長久久。但正因為我愛妳，因為我想好好照顧妳，像妳在我需要的時候照顧我一樣，現在我想問妳一些問題……」

記得：

- 讓你的對話直接明瞭：不要矯揉做作或用太複雜、太花俏的語言。讓跟你對談的人知道為什麼這個主題很重要：因為你愛他們，你想要在他們臨終的時候給他們最好的照料。
- 指出避而不談的可能後果：將來後悔、誤解，感覺罪惡或茫然無從。
- 讓家人知道現在談的不是斬釘截鐵、不可變動的。當情況有變化，他們永遠都可以修改。

• 如果你的家人拒絕談論臨終和死亡，請不要放棄讓你的家人知道你會繼續這個話題。因為你愛他們，你想給他們最好的。

• 解釋你自己的角度：你想知道他們的願望，也是為了將來能處理自己的壓力和悲傷。很多人不想談臨終和死亡，更多的人不想成為家人的負擔。

沒有悔恨

我還記得一位替她母親守靈的女性，她告訴我說：「這是我人生第一次真的後悔，我是個獨生女。」「現在，我覺得好孤單，在這世界上沒人了解，失去我媽媽的痛苦感受。」隔著幾個房間，一大群兄弟姊妹，圍繞在他們母親旁邊，陪伴母親走到人生的盡頭。每個人都會感到寂寞，因為每個人跟他的母親，都有獨一無二的關係。

每個人都會不同的死去。每個家庭——裡面的每個成員——都對死亡與哀傷有不同的適應方式，這代表了走向死亡的軌道難以捉摸。一個垂危的病人，在最後的幾個月或幾個星期是沒有一張地圖的。家人在這條路上，可能會有短暫的美好時光，但也會經歷難以預料的崎嶇顛簸，這會讓每一個人在身體上和情緒上，感覺耗損。

學習和發展對臨終與死亡的理解，並不會讓我們的心裡好過一點。沒有家庭會覺得死亡稀鬆平常，但家庭可以為挑戰做好準備，進行必要的對話，了解彼此的差異，保持溝通順暢，相互關心，家人就可以共同度過艱難的時刻。有一天，當他們再回顧這段時間，他們會感覺彼此的關係更強韌了，心中也無怨無悔。

想要了解的好奇之心！與孩童對話

第四章

你能給孩子最好的禮物，不是保護他們，不受變動、失落、痛苦與壓力的影響，

而是給他們信心和方法，來適應人生必經的歷程，並從中成長。

——溫蒂・哈珀姆（Wendy Harpham）博士、醫師及

《當父母罹癌時》（*When a Parent Has Cancer*）一書作者

我還記得我先生祖父過世的時候，祖爺，大家都這麼叫他，已經病了很久，死亡也是預期即將會發生的事。他大部分的孫子／女都已是成人，但祖爺死的時候，我小叔的兒子尼克只有三歲。當時我並沒有什麼跟孩童解釋臨終和死亡的經驗，我也一直在想我小叔會怎麼處理。

我們為祖爺舉行完整的天主教儀式。喪禮的前一晚，代禱者、全體家人，和部分友人齊聚一堂，跟祖爺做最後的道別。祖爺穿上最好的西裝，讓大家瞻仰悼念。我先生來自大家庭，也經常喜歡大夥兒團聚。當晚大家還是說說笑笑，分享故事，與平常沒什麼不同。聊著聊著時間越來越晚，我小叔覺得尼克該回家睡覺了，他叫尼克「去說掰掰」，那是他經常跟尼克講話的用語。接著尼克就跑向躺在棺木裡的祖爺，大人們突然被尼克的舉動嚇到，結果轉身一看，小尼克推了一把折椅到棺木邊，站在椅子上，把身體靠近祖爺，然後在祖爺臉頰上留了個大大的、甜甜的三歲小孩的親親，並且高聲說：「掰掰祖爺，很快又會見囉，但不是太快啦……」那是溫暖美好的一刻，尼克似乎了解死亡是怎麼一回事，許多大人可能都希望能像他一樣，我小叔把小兒子帶在身邊，回答他問題，並讓他發揮自己的方式。小尼克，讓我們每個人見證了，什麼是好好說再見。

大部分的我們，在某些時刻，都會不知道該怎麼跟孩童解釋臨終和死亡。當對他們重要的大人即將或已經去世時，孩童會想要、也需要有人跟他們說說話。雖然許多孩子跟父母或祖父母會有一番對話，但有些孩子會轉向非親非故的大人來獲得資訊和安慰。孩子們有時會覺得跟他們聊聊比跟爸媽容易一些，他們可能是老師、保母、校車司機、社工人員、教練、鄰居、醫生、教會領導和其他的大朋友。很希望我們之中，有人能很幸運的成為孩子信任的人，可以問我們有關生死的困難問題。無論你跟孩子的關係是什麼，以下的章節應該對你會有幫助。

一般來說，我們不鼓勵孩子談論或詢問有關臨終和死亡的問題。曾經有個家長，她自己的母親即將過世，而四歲的孩子正值精力充沛時期，她說：「在我們談論臨終和死亡之前，難道我們不該給孩子一個繼續當孩子的機會嗎？」多數的我們都想保護孩子，免於痛苦和悲傷，可是臨終和死亡整天出現在新聞裡、電影裡、流行歌裡和電視裡，而孩子們所愛的大人也可能正在面臨死亡，想要避免這個話題是很難的。

很重要的，家長應該要培養孩子的信心和方法，來討論臨終和死亡。當然，沒有人會滿心期待這個話題，跟年紀小的人談論時，我們往往會覺得不自在。父母缺乏資源或導引來跟孩子開啟這個話題，他們也很煩惱，不知從何準備，因為從前也沒人跟他們有過這樣的對話。我自己是兩個孩子的母親，我和我先生都同樣的不知道該如何開口跟孩子們講我的病情，因為我們不希望他們煩惱。我們以為他們可能聽不懂，我們也擔心無法回答他們所有的問題，就像跟孩子們談性一樣，我們對於談死亡，也不知所措。

小朋友如何學習死亡的概念

介紹臨終和死亡給小朋友不需要弄得很恐怖，臨終和死亡也不一定要等到小孩「夠大」了才能討論。我們可以用適合不同年紀的、情境式的方法，來跟小孩子談死亡。小孩子對於死掉的昆蟲和動物感到好奇是很正常的。孩子們可能會想要仔細檢查它們，或是他們會問很多問題。雖然他們這種興趣會讓我們覺得有點可怕，但能讓小孩說說死亡和他們學到的東西，是很重要的機會。孩子們不應該為了自己的好奇心感到罪惡感或難為情，他們的探索提供給他們信任的大人一個機會來解釋，而且是第一次為他們解釋，所有活著的東西都會死去，而新的東西才有空間誕生出來。

對很多的我們來說，第一次的死亡經驗可能是看到一隻死掉的小鳥、昆蟲，或路邊被撞死的動物。一九九〇年代，南卡羅來納州查爾斯頓學院的喬治・狄克森（George E.

Dickinson）做了一個研究，請大學生回想自己第一次與死亡接觸的經驗，結果多數都跟家裡的寵物有關。親戚、朋友、名人或寵物的死亡，很適合拿來當成跟孩子重要對話的開場白。

孩子多半會自己提起死亡的話題，在玩遊戲或看電視的時候，或在收音機旁聽故事的時候。我們需要順著他們的開始，然後看看他們想聊到哪裡停止。如果碰到這話題時，我們自己正好情緒是很穩定的，比較能清楚與誠實的討論。

現在因為離婚、校園霸凌、媒體對殺人事件的報導，及電視節目暴力的充斥，孩子們在生活裡已經很容易接觸到生死的問題。在家中摯愛的親人還沒面對死亡之前，我們有太多的機會可以開啟對話，請好好把握。

請記得，很重要的，我們的有所為或有所不為，孩子都在學習。我們選擇不說什麼，選擇分享什麼，都成為孩子的記憶。當孩子漸漸長大，他們從大人身上學習，他們吸收智慧、迷思和慣例，他們接受模稜兩可和焦慮不安，他們從我們的語言和非語言動作，看得出我們內心真正的感覺。他們也知道我們對他們的問題，是否保持開明的態度。對小孩很重要的那個大人，需要主動一點，他需要打開話題，並讓孩子知道談論臨終和死亡是ＯＫ的。有時候，大人並不知清楚孩子已經對這主題了解多少、接觸多少，也不確定孩子之前的資訊是否正確，如果沒有一位值得信賴的大人給予引導和解說，小朋友可能依賴他們的想像力和體認——來自電視、電影、書本和朋友的故事——來自己穿鑿附會。

隨著時間的演進，孩子會綜合各式各樣跟臨終和死亡相關的經驗和接觸，然後他們的反應和理解就會越來越像身邊的大人。孩童對死亡的概念其實發展的很早，然而最深刻的體悟通常發生在四到九歲之間。孩童發展研究證實，大多的孩子在三、四歲的時候，就知道死跟生是不同的。從這時候開始，漸漸發展出對死亡較成熟的理解。他們知道，死亡代表一去不復返，也不再生靈活現。九歲的時候，他們幾乎明白所有的事情，包括生命的有限。

孩童、青少年和年輕人，甚至是成熟的大人，都會持續思考臨終和死亡對他們的社會和情緒衝擊。不僅他們的人際關係受影響，也影響他們怎麼看這個世界。我們對臨終和死亡的「知識」和理解，隨著我們自己生命的發展而改變，在不同的時間點，有不同的知識和理解。

以年齡來看孩童對死亡的理解

我曾經在研討會上遇見悲傷和死亡哲學家湯瑪斯・艾提格（Thomas Attig），當時他正好在研討會主講悲傷的學習。他分享了一句話：「如果你長大到懂得去愛，你就懂得悲傷。」這句話對大人小孩都適用。一個不到兩歲的小孩，不會真的了解死亡代表著什麼，但他們仍然受到死亡的影響。舉例來說，如果一歲半的小孩，失去了其中一位父母，他們不知道其中一位已經死了，但他們會知道他或她不見了，他們很想她／他。在這個時期，他們會需要回到日常生活，並且有其他對他們很重要的大人，依然在他們身旁。而大人們需要有耐心，讓孩子們安心，知道自己仍會被好好呵護，好好愛著。

當孩子到三、四歲的時候，他們開始懂得，死亡代表著有重要的事發生在人的身上，改變了人的生活。通常他們還不理解死亡就是終點，他們以為人死了只是暫時離開，還會再回來的。這種信念多半歸因於大人，大人常告訴孩子說「阿嬤去很遠的地方旅行了」，這個年紀的孩子還不太明白人終將一死，他們以為死是個不小心發生的事情，是可以預防或避免的。我的小姪子尼克似乎了解祖爺已經死了，可是他也仍然覺得，他還會再見到祖爺，雖然這種信念，是因為家中的宗教信仰，認為我們還會在天堂相見，但這也是因為這麼小的孩子還不能認知到，死就是結束。尼克的爸爸需要跟他解釋很多遍，祖爺不是在睡覺，祖爺也不會出現在聖誕節或其他家族聚會，祖爺沒有去旅行，他就是身體已經不行了，他已經死了。

到了五、六歲時，一個小孩對於死亡的完整概念，已經可以掌握到大部分，包含死亡就是終點，就是結束。他們知道一個人死後，是不會再回來了。雖然他們可能明白，死是永久的，但他們卻覺得那只會發生在別人的身上，舉例來說，他們的祖父母，因為阿公阿嬤們已經很老很老了。這個年紀的孩子還不曉得，每個人都會死，包括他們自己，有一天也會死，他們需要一位對他們很重要的大人，來回答他們許許多多的問題，讓他們覺得安全。

當孩子長大到九歲與十二歲之間，他們對死亡的所有面向，應該都有完整的理解了。他們知道死亡是一切的結束，也知道死亡不可避免。而且，他們所愛的人總有一天都會死。在這個時期的孩子，會對臨終的生理變化，提出挑戰性的問題，而且也會對死後的身體何去何從，感到興趣。他可能會喜歡閱讀一些有關臨終的書，也想要有機會跟醫護人員聊聊，人死的時候究竟會發生哪些事情。

當一個人進入青少年時期，他們體認到有一天，他們自己也會死。也許是一種防禦機制，也許是一種叛逆的表現，他們會裝成一副毫不在意的樣子，還會做出一些荒唐或危險的舉動。青少年有時候會對死亡進行理性的探討或將死亡浪漫化。當跟他親近的人去世時，他為了保護自己，常常故意表現得不在乎，雖然他們完全了解死亡是怎麼一回事，但要經過很多年，他們才會深刻明白臨終和死亡對他們的意義，以及他們在生命裡終將扮演的角色。青少年會想辦法將他們與死亡接觸的經驗正常化，在朋友團體中也反應良好，父母可能應該另外尋找一位值得信賴的、非權威性的大人，來跟青少年進行對話。

拆解迷思

關於孩童對臨終和死亡的理解，我們的社會充滿了迷思和誤解，我們需要一一拆解：

- **小孩什麼都不懂**：孩童其實很仔細的觀察，他們信賴和親愛的大人之間發生了什麼事情，這是他們學習的方法。他們會感覺到，周遭的大人有些改變。他們會開始發揮想像力，依他們的年齡而有所不同，而且他們想到的畫面可能比實際的更可怕或更有害心靈，尤其是三、四歲的孩子，想像力更豐富。

- **孩子還太小**：孩童其實很早就在學習臨終和死亡，我們需要依照他們的年齡和成熟度來跟他們對話，但我們必須尊重他們的問題和好奇心，例如：當小鳥死掉的時候，就是一個教學良機，讓我們就地取材，討論這個主題。
- **如果小孩子不提，我們就不講**：有時候家長和大人想要保護孩子，不想讓他們傷心，而孩童對於老人，心態也是一樣。其實，孩子很有可能是在等待大人的允許，來說出對臨終和死亡的想法。他們也想確認，爸爸媽媽是願意討論這個話題的。大一點的孩子，尤其如此。他們已經觀察大人的世界很久了，他們知道在家人臨終和死亡時該說什麼、該做什麼。

孩子們可能有很多問題，也可能只有幾個問題，這些問題大致圍繞著三個主題：原因、避免之道和照顧。他們會想知道，是不是他們本身或他們做了什麼事，才造成死亡。在五、六歲的年紀，他們會很擔心，是他們的行為，讓他們惹了「麻煩」。一直到九歲或十歲，他們經常煩惱自己也會「得到」之前死者的死因，然後也死掉。他們會想要被再三保證，自己是安全的。

而最後，他們也會問問題，想了解別人的死亡對自己會有什麼影響。孩子想要覺得安穩，不管是誰去世了，都還會有人照顧他們，大人會繼續支持他們、扶養他們。

- **與其說錯話，還不如什麼都不說得好**：當我們用愛與尊重跟孩子說話，其實是很少會說「錯」話的。沉默不說話對小孩來說，也是一種溝通傳達。當我們打開心胸，談論臨終和死亡時，我們會讓小孩知道，談這主題是OK的，孩子可以覺得很安全，來跟我們聊一聊。
- **有一天自然會是「對」的時候**：這些對話，從來都不是容易的、直接了當的，如果正好可以機會教育的時候，請好好把握。但有時候我們不能等到孩子自然發生好奇心，我們必須主動開始。
- **孩子經常在睡覺前才問大問題**：對某些孩子來說，這是拖延戰術，但對其他孩子，他們覺得躺在床上既安心又舒服，所以這是他們問問題的好時機。

當然，也有孩子什麼都不問的，他們會等信賴的大人先開始說。睡前的確是個聊天的好機會，因為感覺溫暖又安全，可靠的大人可以開始這麼說：「最近家裡發生很多事，你可能有很多疑問，有沒有什麼要問我的呢？」如果小孩默不作聲，你可以用正常的口吻，說出自己預期小孩會有的感受。「當我看到你媽媽生病，我真的很難過……」

- **小孩不應出現在臨終者的床邊**：小孩子邊看邊學，我們如果正常地看待臨終和死亡，讓孩子探望我們所愛的臨終者，陪在旁邊，他們甚至可以做一些細膩的呵護工作，例如朗讀，或帶些心愛的東西來陪伴臨終者。

當然，很重要的，第一次探訪前我們要做好準備工作，大人要跟小孩解釋，等一下會看到、聽到，和聞到的東西，他們該怎麼表現，如果別人家庭或安寧病房／醫院有「規矩」的話，要如何遵守。

- **我們需要保護小孩**：我們若不跟小孩談臨終和死亡，我們不是在保護他們，我們能給他們最好的保護，是用溫柔關愛的方式，給他們誠實的訊息，讓他們安心的問問題，並表達情感。

- **最好等到確定要死的時候再說**：如果我們一直拖延，有可能會來不及了，我們需要在日常生活中把握機會，碰到適合的時間就可以開始對話。

- **小孩會迷上死亡**：小孩會問很多問題，直到他們能開始有些理解。然而孩童也很容易被生活或其他正在進行的事物吸引而分心，他們能夠比大人更容易且不中斷地把臨終和死亡跟日常生活接軌，我們有很多的地方要跟他們學。

我們會有這些誤解，是因為我們想保護他們，我們有機會讓下一個世代，比我們更能安然的面對死亡，如果我們能做到這點，他們會比大多數的我們，準備得更完善。

注意我們使用的語言

有時候，雖然我們出發點很好，但我們講得很失敗。我們出錯的其中一點就是我們的用字遣詞。我們用委婉的、而非直接和坦白的方式說話，來隱藏我們的不安，小孩聽了經常很困惑，我們也等於教他這是個禁忌的主題，大人想要保護孩子是很正常的，我們不想要他們悲傷，也不想讓他們經歷臨終和死亡的困難時期。然而委婉隱喻反而更模糊了我們的焦點，讓小孩子感覺到你想隱藏祕密，其實對他們沒什麼幫助。

請花點時間想想你過去可能用過的委婉詞語來形容死亡，甚至回想一下你父母跟你說過的話——「回老家了」、「走了」、「不在了」、「去上帝那裡（或其他宗教人物）安眠了」、「越過彩虹橋了」（通常用在形容家中寵物），也許是我們想隱藏自己的害怕，我們以為自己在保護孩子，讓他們免於面對生命中殘酷的事實——生命總會結束。然而我們必需克服自己的不情願，應該要以清楚和誠實的方式跟孩子解釋，直到孩子進入青少年時期，他們的想法都是具體的、黑白分明的，他們需要我們直接了當，即便我們覺得很冷酷尖銳。

以下是一些我們常用的字語，讓我們得以與殘酷的現實保持距離。我們自己知道這些委婉說詞的弦外之音，但孩子卻會覺得模糊不清：

- **走了**：這個詞最常被用來代替「死了」，它被廣泛的使用，包括在學校裡或教會裡。大多數的成人當然懂得意思，但小孩子可能常常聽不懂。
- **她去更好的地方了**：大人用這句話是出於善意，它代表說的人相信死者到天堂了或死後轉世了，也意指死者不再痛苦或難受。但對小孩而言，他們會覺得死了是去一個更酷的地方，那誰不想去「更酷」、「更棒」的地方呢？即便孩子能理解天堂和死後的概念，他們可能還是不明白或不能想像，有個地方比他們現在的地球好，勝過他們現在的家庭、朋友，和玩具。

- **「他只是在睡覺」**或**「他長眠了」**：有些小孩本來就很難入睡，他們不需要善良的大人再告訴他們，那個死去的人只是睡著了。孩子在晚上睡前，期待自己明早還會醒來，繼續平常的生活。如果我們跟小孩說，那個死去的人只是在睡覺，他們可能因此相信死去的人還會醒來，這是我們要承擔的風險，或是他們會害怕萬一自己睡著的話，就再也醒不過來了。
- **她離開了**：很重要的，我們不能告訴小孩，當他們很愛的大人死的時候，只是離開了。這樣會導致他們覺得自己被遺棄了，懷疑自己可能是死者離開的原因，或一直煩惱／擔心死者為什麼要離開／或希望有一天死者還會再回來。無論小孩對這句立意良善的話反應如何，小孩子可能總是想不懂或不確定自己是不是做了什麼事，才讓死者離開，他們也永遠會想著，死者何時會再回來。

山姆

這個故事跟一位精力旺盛、活潑可愛的小男孩有關，它讓我們知道，跟小孩子講臨終和死亡的時候，我們選擇的用字有多麼重要。

我曾經有幸在六歲、念一年級的山姆身旁，當他媽媽因癌症而瀕死的時候，我是他的支柱。山姆媽媽的乳癌是急性的，即便她來日無多，她跟爸爸還是很努力地在照顧著山姆。

他們不跟山姆講媽媽「快要死了」，而是告訴山姆說媽媽「快過去了」，他們以為這樣講比較溫和，聽起來較不可怕。後來山姆最愛的媽媽在冬末的時候去世了，隔年春季中旬，山姆的爸爸打電話給我，說山姆在學校亂吵亂鬧，還到處打人，在家也大吼大叫，不肯睡覺，所有的行為，都跟平常的他很不一樣，山姆爸爸把他帶到我辦公室，山姆還記得我，他爬到我的腿上，開始跟我聊天。結果你猜猜他怎麼了？他這小孩只是害怕了，每個人在學校都在談論學期快結束了，一學年「快過去了」，他不知道學年過去了是什麼意思，但他知道他媽媽過去了——而且她再也沒有回來。

現在我仍然覺得心疼，當時我允許大人讓山姆這麼困惑，不跟他講死亡並沒有保護他；即便我們不用「死」這個字，他還是受傷了，我們讓他蒙在鼓裡，他反而更不知所措。他需要我們——他的家人和他媽媽的醫療團隊——來跟他說明臨終和死亡，解釋這些字的意義。而他的家也需要我，一個擁有很多臨終和死亡經驗的人，來支持他們，使用明確的言語來跟自己的孩子溝通，不會再讓孩子混淆，也不會再犯我們犯過的錯誤。

如何跟小小孩解釋臨終和死亡

與其使用立意良善卻令人迷糊的字句，不如以一些友善孩童的方式來進行臨終和死亡的對話，運用清楚的語言和簡單的解釋。以下是提供的建議：

癌症：你可以說這是一種讓你的身體很不舒服的毛病或疾病，它跟你偶爾得的感冒不一樣。依照癌症的不同，孩子的年紀不同，解釋可以再延伸。如果癌症有腫瘤，你可以說這種疾病使得身體裡腫起一塊，或長出不該長的東西。血癌的話，可以說是血液裡或是骨頭裡面有問題。

臨終關懷：這是一個給快要死的人住的地方，裡面會有醫生、護士和其他人員來照顧他們，讓他們安全又舒服，有時候，這地方會在像醫院的建築物裡，有時候，臨終關懷是到別人的家裡。

安寧療護：這是種特別的療護，提供給病得很重或快要死的人，這種照護是讓你愛的人，舒舒服服，沒有疼痛。

死亡：死亡就代表身體失去功能了，也永遠不會恢復功能了。身體不會再動、呼吸、想事情、有感覺、看或聞東西，以及說話，身體也不會再感覺痛、餓或害怕。舉例來說，當小狗死掉了，小狗就不會再叫或跑了，花兒死了也不會再開或再長了。

火化：這是人死後會處理的過程。死掉的人會經過高溫，像是火爐或焚化爐，碎裂成小塊，看起來會像沙子或灰塵，有些人選擇這種方式，而不是放在棺木裡，埋在地下。

骨灰罈：人的身體經過火化後的灰燼，會被放進一個叫做骨灰罈的特別容器裡。

遺體保存：這個程序是指葬儀公司會把遺體處理好，放入棺木，然後下葬。

葬儀公司：這種公司是幫助家庭準備和安排處理家人死後的身體，其中可能包含買棺木、安排葬禮和運送遺體。喪禮通常會在葬儀公司的特別房間裡舉行。

喪禮禮儀師：這個人是幫葬儀公司做事，負責協調前往死者的所在地領取遺體，這個人也會跟家人一起準備或照顧遺體，直到他被火化或埋葬為止。

瞻仰遺容：在喪禮的這個時候，人們可以靠近看看死去的人，彼此分享他們對死者的記憶和他們對死者的愛。

告別式：認識或關愛死者的人會在這時候聚在一起，可能是在教堂、在禮儀公司、在墓園或其他的地方，經常會有人唱歌、讀經、追思，或替死者禱告。

悼詞：跟死者很親近的人，會特別的致詞，他會講死者的故事，死者為什麼很特別，以及認識和關愛死者的人會如何永遠的懷念死者。

靈車：這是一種特別的車，將死者的靈柩或棺木運送到葬儀公司和／或墓園。

埋葬：一個人死後可能會被埋葬，死去的身體會被小心翼翼地放進一個特別的箱子裡，然後再把箱子放進地下的一個坑洞裡，這個坑洞是特別為死去的人挖的，通常是在墓園裡。

墓園：這是個特別的地方，讓人們埋葬死去的人。這個地方通常有很多樹木和綠色的草坪。墓碑或紀念碑上會有死者的名字和重要日期，讓關愛死者的人知道死者被埋在哪裡，有些人喜歡去墓園獻花掃墓，因為這讓他們覺得跟死者很親近。

靈柩或棺木：這些字是用來形容裝有死者身體的箱子，它是木頭或鐵做的，兩邊會有把手，上面有蓋子，可以打開或關上，裡面看起來有點像是個上面有枕頭的小床。

墓地：這個名詞是指墓園特別挖的坑洞，用來裝靈柩或棺木的，棺木會埋在地底下，上面會有墓碑做標記。

哀慟：當你關心的人即將死去或已經死了的時候，這個詞可以形容你所有不同的感受。像是悲傷、生氣、困惑、煩惱、感覺被遺棄、喜樂或寂寞。

作為一個父母、親近的家人或朋友，你可能跟孩子有過這樣的對話，或是你可能請醫護人員幫忙，當你感覺自己無能為力的時候。受你拜託跟孩子解釋的人事後需要跟你溝通一下，讓你知道討論了什麼，以及孩子可能對現況有什麼想法和理解。如有任何人需要跟孩子進行這種痛苦卻必要的對話時，我有一些建議：

提供安慰：請讓孩子放心，他們所愛的人生病或即將死亡不是他們的錯。無論孩子幾歲或成熟度如何，這種非理性的思考經常會出現。孩子可能想不斷地聽到，他們沒有造成任何問題，他們做過、說過、想過或夢到過的事情，都沒有關連。

探索懼怕：鼓勵孩子說出他們在害怕些什麼，試問：「你害怕接下來會發生什麼事？」依照孩子年齡不同，這個問題會顯示出他們在煩惱什麼，以及他們的理解是什麼。有些孩子可能會進入「魔幻型思考」，或像是討價還價式思考，也就是說他們會相信，只要自己真的很乖，或做件非比尋常的事，他們所愛的人就會好起來。跟孩子的擔憂、懼怕與混亂共處，會讓大人對孩子的煩惱和負擔有清楚的洞察，大人也比較能幫助他們。

提供資訊：用適合孩子年齡的方式，保持孩子在狀況內。孩子需要資訊來幫助他們準備面對這個世界發生的事，舉例來說，孩子需要聽到媽咪要在醫院睡幾天，來照顧外婆。或是爸爸以後都不能自己走路了，但孩子可以幫忙推輪椅。或是爺爺正在吃藥，來讓爺爺不那麼難受，可是那種藥也會讓爺爺經常想睡。

哭泣：鼓勵父母，不需要害怕在孩子面前哭泣。當大人表現出情緒，小孩就知道悲傷時哭泣是很正常的。當我們看到所愛的人正在受苦、病重或即將死去，我們會哭泣，我們哭是因為我們愛他們，我們的淚水，是我們愛他們的一種表示。

盡量鼓勵問問題：讓孩子們知道，他們可以問你任何問題。很多家長以為孩子知道他們很開明，孩子也「真的」知道父母很開明，但孩子在家裡很困難的時候，會不想要煩父母，就算有問題，也會隱藏不說。保持溝通暢通，是很重要的。

尋求援助：信賴或尋求其他大人來進行對話，讓別的大人也參與其中，那麼孩子就知道，除了自己的父母，他們也可以問這些人問題。這些大人可能包括遠親、靈性導師、老師、教練、朋友，以及理所當然的醫護人員。

重複：當試著傳達訊息給孩子時，記得速度要慢慢的，請了解他們需要更多時間來消化訊息，進行不止一次的對話，就是讓他們確知，談論臨終和死亡是ＯＫ的，這些不是我們該避免的主題。如果大人避諱，我們等於傳送一個強而有力的訊息：「如果媽咪和爸比不想說，那一定是個很糟的事，我還是不要說比較好。」當我們所愛的人病重或即將去世時，定期跟孩子聊聊，可以把事情正常化。孩子準備好的時候，也比較能敞開心胸，跟我們分享他們的感受和想法。

有些問題沒有答案也是ＯＫ的：我們需要承認，有時候我們對於某些孩子的問題，我們並沒有答案。但我們需要承諾他們，我們會跟他們一起想想，找出解答。很誠實地說：「我實在不知道這個問題的答案，你覺得呢？」可能比較能安慰他們，而不是隨便編一個答案，只為了回答孩子會感覺出我們自己內心的疑問，他們有時候還會問強硬的問題。善意的謊言或錯誤的訊息，無論是出於何種好意，都會引起不安和不信任。我們的孩子很快都會明白，我們不是什麼都知道的，我們可以讓他們更自然的接受這個事實。如果我們很平靜的、很實事求是的告訴他們，我們自己也不知道答案，我們跟他們一樣，也在學習人生。我們練習接受，人生有很多問題是沒有答案的。這種態度會幫助小孩心安一點，就算他們不明白所有的事情。

讓小孩加入：小孩不喜歡被排除在外，帶小孩一起探訪、計畫，甚至做些基本的照護工作，讓他們知道，當人們病重或臨終時，好好照顧他們是很重要的。小孩子可能產生一些不必要的害怕，如果他們被禁止加入的話，或者如果他們一直搞不清楚狀況，他們會變得焦慮。

跟我自己的孩子談我的癌症

無論我們如何試圖讓我們的言語是友善孩童的，也無論我們有多少經驗，跟孩子進行臨終和死亡的對話仍然是很挑戰的。在安寧病房時，跟孩童討論臨終和死亡是我最喜歡的工作之一。可是當我自己被診斷出癌症，必須跟自己的孩子談論時，我才有全新的領悟，也真正明白，對父母而言，這是個多麼艱難的任務。我想分享我的個人經驗，我把這個故事叫做「媽咪長了腫瘤，現在，讓我們趕快去買蹦蹦床」。

當然，我澄清一下，在我被診斷出大腸癌之前，我們就一直說要買個蹦蹦床。我先生和我覺得，多個蹦蹦床，我們的戶外遊戲設備會更好。沒錯，我們知道有風險，可是在安寧療護工作久了，我們知道，就算你每天都有可能被巴士撞到，你還是要好好活著。六年前，我感覺這次這台巴士真的已經決定好目標了。

當朋友得知我罹患癌症時，他們問我的第一個問題經常是：「你告訴孩子了嗎？」我一直認為自己很擅長跟孩童討論疾病、臨終和死亡，這是在安寧病房當社工的我日常工作之一，我以前還不懂跟孩子說這些有什麼困難的，我甚至覺得比起大人來說，跟孩子談論還比較容易。

然後就輪到我跟我孩子談了。當我自己罹癌，忽然之間，這些事都不再那麼簡單明瞭。當你的腦中，不斷地有聲音「你怎麼忍心跟他們說？」在迴旋的時候，你很難好好的跟孩子說話。

而你的心，真的感覺到，碎裂的可能。

「你跟孩子說了什麼？」簡單回答這個問題就是：「我們告訴他們所有我們知道的事情。」發生的經過是這樣的：

我們在星期六的下午召開家庭會議，約莫是在我得知罹癌的三十六小時後，在我們準備好要告知兒子女兒前，我跟我先生需要先消化突如其來的資訊，並試著理解這一切。我們需要一些實際的東西，讓我們有所依據。在我家的慣例，就是要有行動計畫。所以當我們準備就緒，我們四個坐在沙發上，裹著毛毯、相互依偎。我們聊到這陣子我生了病，總是感覺很疲倦，然後我們告訴孩子，前幾天我做了測試，發現我的大腸裡長了個腫瘤，需要動手術把它切掉，這個手術必須去多倫多做，因為那邊有位特別的醫生可以幫助我。然後我們跟他們說，我們計畫全家一起去多倫多，我們可以先去玩玩，然後阿嬤會在我做手術前帶他們坐飛機回家。結果他們的反應是衝到樓上打包行李，他們絕對不想錯過這次的旅行呢！

我兒子在那個時候只有五歲，一開始他的反應是有點黏人和撒嬌，他沒有說什麼，只是想要我們多抱抱他。

我六歲的女兒，一個成熟的「老靈魂」，反應就完全不一樣了。接下來幾乎每個晚上，當我們照常陪他們，睡前互道晚安時，她總會冒出一個新問題。我知道遲早會出現這個大哉問：「媽咪妳會死嗎？」然而當她真正問起，我卻有點招架不住，我拒絕騙我的孩子，但我也不想讓他們知道自己其實嚇得都屁滾尿流了（雙關語，譯註：指的是大腸癌可能的症狀）。所以我告訴她，「我們有個很好的計畫，如果事情改變了，我們覺得這個計畫不好，我一定會告訴妳。」

這個計畫，就是一個「實際的東西」，是我跟我先生可以給予孩子的依據。我們知道，他們小小的世界還是被巨大的搖晃了，但我們也需要讓他們知道，我們是有計畫的，這計畫可以讓所有的人在需要的時刻，重新站穩腳步。

接著「妳會死嗎」這個問題之後，下一個問題是：「妳會得癌症，就像得流感一樣嗎？」這個問題容易多了。我們從來沒討論過遺傳基因，或是我們的家族病史（我懷女兒的時候，我阿姨因大腸癌而去世），也沒談過這是否可能會增加他們其中之一以後也得大腸癌的機率。我和我先生都覺得他們還太小，不能理解這些專業的眉眉角角，而且坦白說，我覺得我們要煩的事情已經夠多了。

後來我記得帶孩子們去看馬術秀，我跟我女兒都很愛馬，秀進行到四十五分鐘，我們三個人正開心的時候，我兒子一邊吃零食，一邊忽然冒出一句：「媽咪，妳知道嗎？如果妳死了，我會很傷心，我可能一整天都不想起床。」我女兒也加入說：「如果妳死了，我在學校會變得很安靜，我會不想說話，也不想跟朋友玩。」除了「謝謝你們」，我不知該說些什麼，我緊緊的抱住他們，心裡想著：「如果我死了，我會覺得上天跟我開了個大玩笑，讓我不能再跟你們倆共度時光。」

現在讓我回到蹦蹦床這件事。我們把它放在院子裡，我從廚房的窗戶看出去，可以看到孩子們在上面蹦蹦跳跳，它讓我有一些空間、時間來打電話、寫email、想事情，並且哭泣。

我從孩子那裡學到很多，小孩子一般來說，強烈的情緒不會持續太久，他們過日子的方式比較是「起起落落」的，我們大人可能應該跟他們學學。我仍然、也許以後還是會喜歡沉浸在我的悲傷裡，有時候我喜歡待在我的悲傷裡，久久不出來。我的孩子教會我，我們可以給悲傷留點空間，但就在轉角不遠處，會有些好事發生，你得懂得好好去享受它，人生是混亂而無常的，有時候，你只是需要出去，買個蹦蹦床。

就像大多數的教養原則一樣，跟孩子談論臨終和死亡實在很困難。在我們還沒成為父母之前，這些話題似乎容易多了。然而，努力用心跟他們談絕對是值得的。請花點時間回想一下你自己是如何學習死亡的，現在再想想，你是否想在孩子身上複製這樣的經驗。思考一下，你如何給小孩更好的經驗，你的家庭如何在生活之中，騰出一些空間給死亡，希望你不會馬上需要出去，買個蹦蹦床。

跟別人的孩子談死亡

過去我在安寧病房擔任社工人員時，我的工作經常要跟孩子討論臨終和死亡。當孩子們信任我，將他們的問題與懼怕交在我手上時，我覺得很榮幸。作為一個外人，對他們的家庭來說，我了解我的角色很重要。對小朋友來說，對著一個與臨終者無血緣關係的大人問問題，經常比較容易，他們也比較不害怕，不用擔心說了什麼讓大人哭的話，因此也比較能說出真心話。

有些父母和成人相對來說，跟小孩相處很開明，然而很多人是不太注重溝通的，也不清楚小孩究竟知道或理解多少。所以，每當孩子打破沉默，開始跟我談的時候，我通常問的第一個問題大概是這樣的：「為什麼你媽媽／爸爸／你愛的人會在這裡？」或是：「你認為你媽媽／爸爸／你愛的人發生了什麼事？」這種開放式的問題邀請他們敞開心胸來談談、分享和解釋。

在我跟孩子討論之前，我一定會徵詢同意，大部分的時候，家庭成員會很感謝，幾乎接近焦慮地願意我跟他們孩子談談，看看孩子的情況。有時候父母會說：「我不要妳跟艾蜜莉說她祖母快要死了，我們不希望她聽了太悲傷，放棄所有希望。」當然家庭有權利限制外人跟他們孩子討論的範圍，但若有人說出類似的話時，我會先跟他們保證，我完全理解他們是想要保護孩子，我也體會他們對孩子身心狀況的擔憂，我會讓父母知道，我將極盡可能，在我跟孩子對話的時候，尊重他們的要求。但我絕對不會說謊，而且你也知道接下來我要說的，小孩子並不笨，他們總是在仔細看、觀察，和試著理解周圍的世界。當父母害怕，不知道該跟他們說什麼的時候，他們都看在眼裡，他們看得出爸媽正在忍住不哭，假裝一切都很正常。有時候，小朋友可能在尋找一個可以說話的人，那個人不會因為他們問問題而生氣，這也是為什麼如果有一個大人，不在家人近親的圈子裡面，對他們是很重要的。大多數的時候，若家人不希望我告知孩子，他們愛的人即將去世，我沒什麼問題，因為我不用說，孩子多半已經透過自己的方式知道了。他們只是要有個人能夠回答他們的問題，幫助他們搞清楚究竟發生了什麼事情，這是我很熱愛的工作之一，能夠給孩子們簡單明瞭的訊息，讓他們也進入狀況內，是一件很有意義的事。

研究顯示，小孩子的焦慮程度，跟他們是否被告知疾病、臨終和死亡的訊息，以及他們跟家人之間溝通品質是否良好，有直接的關聯。研究證實，小孩如果沒有正確的訊息，他們會製造訊息，來自己編故事。我們不能因為想保護他們，就讓他們孤立在死亡之外，我們需要釐清他們知道些什麼、害怕些什麼。

如果你很擔心，不知道怎麼跟孩子討論死亡，你不是唯一的。連我都覺得跟小孩談自己的病症很困難，而我還具備了專業的訓練和知識。花你的時間和精力絕對是值得的，死亡是生命中無法逃避的事實，我們需要面對它，小孩也需要面對它。想要幫助小孩，我們一定要讓他們知道談死亡是ＯＫ的。

這是我們給孩子的重要禮物——我們願意公開坦然的討論臨終和死亡，並支持他們學習。我們需要先檢視自己的感受和信念，因而當機會來臨的時候，我們可以自自然然地跟他們談論。雖然我們知道，孩子根據年齡的不同，他們對死亡的想法可能會有所不同。但很重要的，請你記得，在成長過程中，每一個小孩的速度都不一樣。再者，請注意每個孩子對死亡都會有獨特的經驗和想法，他們都有自己的方式，來表達和處理內心的感受。無論他們表現出何種行為，在學習的過程中，他們都需要來自大人的關愛和不作批評的回應。請仔細聆聽和觀察，才能對小孩的需求作出適當的反應。如果你一開始講錯了什麼話，請不要太懊惱，你不會毀了孩子。以愛為出發點的錯誤是可以彌補的。學習臨終和死亡需要時間，許多的我們，仍然在試圖了解死亡衍生出來的影響，以及對我們情緒的意義，請給孩子這個禮物：跟他們公開的討論這個人生課題。

創造關愛友善的工作環境

第五章

一個關愛友善的工作環境，指的是在每天的例行工作中，和機構的運行軌道上，都理解員工歷經的生病與健康、出生與死亡、愛與失去，乃是自然的循環。

——英國關愛友善社群團體

當他還是青少年的時候，我朋友戴瑞克決心要去某個機構上班。而且他也決定要使出渾身解數，讓那個公司雇用他。結果他被錄取了，先開始在那裡兼職，掃地、倒垃圾、什麼都做，漸漸的，他被提升到權高位重的職位。戴瑞克的同事都叫他「安全先生」，他自己做的便當讓辦公室的人嘖嘖稱奇，他誠懇負責、努力工作，當同事有困難或需要援助時，他總是第一個出來幫忙。當有人想找人說話，想吃頓好吃的，想詢問誰可以到家裡修東西的，戴瑞克就是最佳人選。

當戴瑞克被診斷出罹癌，整個公司都非常震驚。當他狀況還好，可以有訪客的時候，他的病房常常都塞滿同僚。他們會告訴他辦公室大大小小的事，讓他跟上進度。當戴瑞克需要轉院到另一個城市去治療時，他的老闆還買個平版電腦送他，讓他跟大家保持聯絡。當嚴冬來臨，戴瑞克病到無法剷雪時，他的同事們自動幫忙，還排了個義工時程表。雪一開始下，馬上就有人過來清掃車道和步道，好讓他隨時可以準備去醫院。當戴瑞克衰弱到已經爬不了自家的樓梯去臥室時，他的公司安排了幾個同事過去一個下午，幫忙他太太把臨時買的床搬運到客廳，架設就緒。

當戴瑞克去世，她的太太詢問公司，什麼時間對同仁最適合來參加戴瑞克的喪禮，公司告訴她，選一個對她最好的時間：無論何時，大家都會到。戴瑞克的喪禮可說是座無虛席，他的僱主甚至還雇用了另一個機構來監視空蕩蕩的公司，好讓所有的同事都能參加喪禮，向戴瑞克致敬。結果這個工作上的大家庭，全員出動。

總的來說，戴瑞克的雇主，展現出一個公司在員工面臨生命的盡頭時，能如何的付出關愛與照顧。他的公司在戴瑞克需要幫助的時候，很具體的加入行動，而且公司不是只想到戴瑞克，公司還創造了一個正向的文化給所有的員工，讓戴瑞克的同事能有機會，在他生病的時候一路相陪。

我們許多人一天之中的清醒時刻，大部分都花在工作上。透過工作，我們發展出重要的關係和連結，經常是超越朝九晚五的。因此，我們花在跟同事相處的時間，比跟家人和朋友還多，這是很常見的——我們也可能在工作上找到緊密且長久的友誼和關係。

我們的同仁，有時候很像我們的延伸家庭。工作變得不僅是份工作，就像我們可能以自己的工作為榮，我們也應以創造一個友善的工作環境為使命，這個環境會正視臨終、死亡、失去和家變，都是人生和生命必經之路。這樣當我們需要的時候，就像我朋友戴瑞克需要的時候，公司會以關愛與照護的方式採取行動。

想想你自己的工作環境，很有可能的是，公司裡已經有計畫替人慶祝一些生命的里程碑：生日、結婚、升遷、工作滿週年及退休。也許公司會有人負責讓大家在卡片上簽名，帶個蛋糕，或為了買禮物跟每個人收錢。一般公司當然有固定的人資政策，涵蓋關於升遷、退休、休假和育嬰假的基本福利。但如果員工罹患絕症，或員工親人過世，公司會做什麼？很多的工作環境可能對久病或死亡只有一些零散的作法，對於員工的病症，公司會有短期和長期的殘疾保險計畫，而員工家人過世，會給予幾天的喪假，但很少會像戴瑞克的公司一樣，主動協調幫忙。

本章將強調三個面向，你需要自己思考一下，你想創造什麼樣的公司文化。倘若你自己正受重病之苦，以及你正失去你的愛人，或你敬重的同事時，你會希望公司能如何幫你度過。如果你自己是公司負責人，本章會給你一些新觀點，讓你建構一個更關愛的工作環境。

臨終、死亡和痛失親人，都是公司文化中不可避免的一部分。當大家像戴瑞克公司看齊，創造出對臨終、死亡關愛的環境，在員工需要時，支持照顧彼此，員工會更團結起來，等於是提高了對整個機構的向心力。一份經由英國安寧療護與友善臨終國家理事會在二〇一三年所做的研究顯示，百分之八十七的人都同意，所有的公司應具備關愛員工政策，包括帶薪喪假、彈性上班及其他援助。

然而當公司未能給予我們需要的幫忙和關愛時，很多的我們只能像蠟燭般兩頭燒。

很不幸的是，太多的機構都沒有準備好負起責任：他們不能、不想或不會創造一個像戴瑞克公司一樣的關愛文化，本章將提供一些創造友善文化的原則。

平衡的溝通

當員工被診斷出罹患不治之症時，員工和公司之間必須做出很多決定——有時候單獨，有時候共同，關於如何公布疾病、治療及其他訊息。原本要討論病情、臨終和死亡已經是夠具挑戰性了，而在職場上，隱私的擔憂、財務和工作去留等問題使得事情益加複雜。更有甚者，我們還被期待在工作上要表現得「專業」，不能太情緒化和煩躁。生病的員工要決定分享多少資訊和跟誰分享資訊，而公司需要保持平衡，一邊是維護生病員工的法律上和情緒上的隱私權，一邊是公司和同事對狀況的資訊需求，以做出實際的和情感上的回應援助。

當員工病重時

當人們發現自己生重病時，很多人認為最簡單的第一步就是寄封電子信給老闆，陳述自己的醫療狀況，要求暫時離開工作崗位，並說明後續將補充醫療證明。而日後當他們更清楚病情和診療的時候，他們會跟公司更新訊息，像是治療時程、預計請假時間，或任何其他所需的配合。

有些人會隱藏自己的病症，擔心工作不保。然而正常工作的職員，當生病之後，本應有權請假接受治療和休養恢復。一個好的雇主，應具有彈性和創造力，來試圖保留員工的技術、知識和專長。

對公司來說，不知道員工會離職多久，以及員工復職後可能的狀況，的確是個考驗。但清楚且即時的溝通，可以減輕一些困擾。公司在權力範圍內，可以要求醫療證明來確認病因，了解員工無法工作的實情。

很重要的，員工應讓雇主對他們的健康狀況有所明瞭，他們回到工作崗位後是否能照常工作，在接受治療或休養時，是否有任何醫療限制會改變他們在現任工作的執行能力。若員工已經再也無法返回工作，不論是因為殘障或確認治療無望，員工都應盡己可能的及早告知。

一個友善的工作環境，會合理的調整工作量，並理解每個人都有可能病到無法上班，也許是必須住院，也許是需要治療，如果公司夠大，人資部門會提供一些有用的工作準則、病假和配合事項。若是小公司，跟老闆或經理開誠布公的對話就可以擬定適合彼此的方案。

在眾多需求之間取得平衡，可以讓雇主創造一個理想的職場。一方面支持生病的員工，一方面也考量到員工的同事，讓大家都有安全感，知道個人的訊息會被尊重，該分享的訊息也足夠讓同事之間繼續合作無間。它鼓勵臨終的員工自訂原則，公布願意分享的資訊，公司也絕對遵守這些原則。它幫助員工維持工作上的身分認同，並在艱苦的時候還感覺到一種自主權。它建構一個環境，讓員工同事可以流露出情緒上的反應，並能互相扶持，最終，它會成為一個充滿關愛的友善公司。

在加拿大，什麼是一個友善關愛的公司？

加拿大安寧緩和療護協會以及它的榮譽理事會已經建立了一些標準，以作為評定公司是否符合加拿大友善關愛公司（CCC）的原則。下列五項評估項目中，公司或企業必須至少達到三項：

- 公司必須要有人資政策，規列關愛照護離職福利（CCLB）方針，讓員工家庭繼續享有工作醫療保險福利，至少維持二十六個星期。
- 依照CCLB的政策，員工的工作職位應予以保留。
- 關愛照護離職福利方案可補充員工部分薪資，此舉使得員工家庭可以拿到省政府和聯邦政府提供的工作醫療保險福利（EI）中的最高保障。
- 公司備有照護配合政策，在經濟許可範圍內提供支援和彈性。
- 公司倡導預先照護計畫（ACP），運用加拿大預先照護計畫的官方資源AdvanceCare Planning.ca或自行設計工具教材。

對同事罹患不治之症的情緒反應

當同事得知他們的好夥伴不幸被診斷出絕症時，對他們可能有深刻的影響。每個人反應強度會有所不一，有些人會感覺震驚和悲傷，甚至可能會暫時失去工作的專注力，焦慮、易怒、且沮喪、疲倦和情緒波動是很常見的。人們還會因為自己沒辦法做什麼而感到罪惡感——或慶幸自己不是生病的那一位。辦公室裡令人不安的消息會干擾員工的思考過程、專心程度和睡眠品質，而這些因素都會影響他們在工作上的表現，工作效率降低，且經常開始請假，也是滿普遍的現象。一開始這些反應都是急促的，也造成整個工作環境充滿了情緒的震盪。

當同事死亡後

初期，很多辦公室裡的事物都會引起同事們悲傷的反應。舉例來說，有一些曾經是死者負責的業務項目或工作流程，現在都需要被重新分配，或趕緊找人來替補，這可能造成工作小組或團隊的組成改變，而其他的同事可能會因為搬到空出來的座位，或得到新職位而覺得不舒服或罪惡感。甚至，他們還會敵視新僱進來的人。不知情的客戶可能仍會指定原負責人，也許死者曾具備某種特別的技能，或在某個項目中做得特別好，讓客戶覺得永遠沒有人可以取代他。所有這些狀況，都會強化情緒的反應。

每一個員工，對於好同事死亡的消息，都會有不同的反應。他們需要不同的時間來消化訊息，處理悲傷。有些人能夠快速地回到日常例行工作上，他們習慣用工作的忙碌來讓自己轉移注意力。其他人就需要多一點的時間來讓自己重新思考清楚。沒有什麼快狠準的原則來應對，因為每個人跟死者的關係都不同，而每個死亡的原因也都不同，所以我們無法預測每個同事的反應，或他們需要達到正常工作效率的時間。

很不幸的，多數的工作職場都無法給予員工充裕的時間和空間，來讓他們處理悲傷。到了工作領域中，就得繼續幹活兒，一切如常。事情得有人做，公司或企業不能停頓。倘若你的家人去世，你通常會有幾天的喪假。

如果是你的好朋友過世，一般來說，你可以請一兩天的事假。但當同事去世後，整個辦公室不能因此停下來，公司也必須倚賴員工正常上班才能繼續運作。然而，一個關愛友善的工作環境，可以允許員工去照顧同事，也被工作這個大家庭照顧。

支持身爲照護者的加拿大人

當人們活得越來越久，也就意味著越來越多的員工，會需要去照顧他們重病或病危的親愛家人。加拿大安寧緩和照護協會在二〇一六年估計，多數的加拿大人預計一週至少需要兩天來照顧臨終的家人。而這些人都明白，要真的投入所需的時間和精力在照護上，絕對是身心的掙扎。很顯然的，照護的需求會影響他們的工作生活。面對這些問題，雇主必須作好準備，這些狀況對員工的效率、表現、出勤紀錄及福利成本等都會有直接的影響。

為了協助面對這些照護的挑戰，加拿大政府已經推動了關愛照護福利政策，提供給需要照顧重病家人的加拿大人。任何面臨家人預計在六個月內去世，需要暫時離開工作崗位去照護的人，都可申請工作保險（ＥＩ）福利，它最多可提供二十六週的關愛照護福利，給合乎資格的勞工。它背後的理念是，加拿大人不應該在保住工作和照顧家人之間作取捨。當然，這些福利對很多照護者來說可能還不夠，但至少這是一個正確的方向，讓人們在艱困的時候還能維持經濟上的穩定。除了聯邦政府的規定，前瞻性的公司也可以把支薪照護假當成是公司福利方案之一，讓員工安心照護臨終家人。

一個可以安然悲傷的地方

當同事去世時，工作同仁會看看管理階層怎麼定調而做出反應。公司正視死亡這件事是很必要的，它應該讓員工有時間和空間來接受失去同僚的事實。雇主若表現出關愛和敏感細心，終將能成功地讓公司度過悲傷階段，也讓整個工作團隊更堅強。一個關愛的雇主：

- 會釋放強而有力的訊息，讓員工知道公司重視所有的同仁——包括死者和正在悲傷的工作夥伴；
- 能降低員工的壓力程度，減少員工缺勤和請病假的機率；

- 最後會增加員工對公司的向心力，減低公司流動率。

以下提供一些建議，給想要建立關愛和友善工作環境的公司。無論是同事剛過世，或已過世幾週或幾個月，都可以運用這些建議：

- 有些員工——舉例來說，死者直屬的工作團隊，死者的助理或老闆、師傅或徒弟或其他任何緊密的關係——會比較受到死亡的影響。一個關愛的雇主應預先注意這些人，不管他們在哪裡，雇主應優先通知他們死者的消息，最好是以電話或面對面的方式，而不是用電子信。
- 管理階層應該正式發布死亡的訊息，可能的話，應召開員工會議親自說明，這樣員工會收到一致的訊息，而且大家在一起，感覺是團體的一份子，能互相扶持。接著再透過一般公司溝通管道，如公司內部通知、布告欄或電子信箱來正式宣布消息。雖然不用說明死亡的細節，但很重要的應強調死者對公司的貢獻。
- 如果死亡是發生在工作職場，或死因是自殺或他殺，那麼公司可適當的引進一位外部專業人士，來幫忙跟內部人員作簡報。尤其當死亡是突然且意料之外的時候，公司應提供一個安心的地方，讓員工可以問問題、分享資訊和情感。

- 很多同事會想要知道，如果他們想去的話，喪禮或告別式會在何時何地舉行。他們又如何能向家屬表達心意，公司或機構應確認這些員工收到訊息，即便這些員工是輪班制的或請假不在公司內。
- 雇主應極盡所能的支付薪水，讓所有有意願的員工去參加喪禮或告別式。然而因為現實狀況經常不允許，雇主可以安排別的機會，讓員工可以分享回憶，表達情感和悼念死者。這些儀式在處理悲傷的過程中是相當重要的。在員工過世後，它可以幫助同事調整心情，適應少了好夥伴的工作環境。
- 關於過世員工的職務、責任和工作空間，應予以尊重並敏感的處理。可能的話，等到喪禮或告別式後再作決定更動。
- 跟死者親近的同事、朋友或經理應幫忙整理死者的辦公室物品，並交還其家人。同事們經常也趁此機會附上慰問卡片以示關心，這件事應在喪禮過後的幾週或一個月內完成，但應先讓家人知道物品即將送回，讓他們有心理準備。

- 公司可能想公開的提供援助或紀念，此舉是為了肯定死者。並讓社區知道這份情誼是很有意義的。可能是以死者的名義捐款給慈善機構，送禮物給家人，送花到喪禮，在報紙上登訃文，或以其他形式的公開致意。有些公司會建立一本回憶錄，或是一種網路追思會，讓同事在上面分享故事，和跟死者共事的回憶。管理階層可以請跟死者最親近的同事來參與這個過程，他們會最了解，對死者家庭來說，什麼樣的心意是最適合的。
- 若雇主能在公司裡設立一種更長遠的方式來感念死去的員工，那是有益於公司文化的。可能是掛在牆上的匾額，上面寫著同事在公司服務的年資和貢獻，也可能是設立公司內部獎學金或獎項，若公司做得到，應通知死者家庭，並邀請他們一起參與，他們也許是來觀看匾額的完成，或跟獎學金得主見面。
- 管理階層應提供跟悲傷和失去有關的教育課程，並開誠布公說明死亡對公司的影響。這可能包括一些悲傷經驗分享，或列出其他有用的資源，例如個人諮商建議。

有些工作職場會想推動員工輔導程序，任何這些建議都等於告訴大家，悲傷是正常的，它是適應失去的一部分。

支持悲傷員工的幾個方法

- 盡快與他們連結。很多人在悲傷中感到孤單寂寞，也許一開始要跟他們展開對話是尷尬的，但公開承認悲傷其實是很重要的。一個簡單的開場白，「我對×××的過世感到深深的哀痛，」讓對方知道，我們明白他的失落，我們想跟他聊聊。
- 直接說出死者的名字。經常，我們會擔心這樣做會勾起痛苦的回憶，且造成隨之而來的情緒波動。然而，對悲傷的人來說，死者一直在他們的心思意念裡。事實上，很多人會擔心，當人們不再提起死者的名字，是否代表他們已經忘了死者。能再聽到死者的名字，讓他們覺得這個人、這份關係，和這種失去，都是確確實實的存在著。

- 如果可能的話，確認悲傷同事回到工作崗位的時間，若你跟對方不熟，找出最適合的人來跟他打招呼。這位工作上的好友可以溫暖的迎接他回來，並願意跟他談談。很多悲傷中的人會談到他們被沉默所包圍，當他們回到社交場合，包含工作場域時，沒人會提起那隻房間裡的大象，人們對他們的悲傷，往往不知所措。
- 傾聽甚於交談。處理悲傷很重要的部分，是能讓悲傷者談一談失去，讓我們有更深層的理解，這個過程是需要時間的，同事能給悲傷者最好的禮物，就是讓他們談談自己的故事，如果他們需要談很多遍，尤其是在過節、結婚週年，或其他特別場合時，別覺得太驚訝，這些時刻，淚流滿面，止不住悲傷，也是很正常的。
- 別期待悲傷的過程是很順遂的，或循序漸進的。你的同事不會很快就恢復元氣，好像生活一切回歸正常。一個關愛的工作環境會留空間給悲傷，無論悲傷以何種形式出現，每個人獨特的悲傷都是正常的、可以被接受的。悲傷的人還是有可能把工作做好的，不必替他設定時程。
- 如果悲傷的人看似進入憂鬱的階段，或是開始一些高風險的應對行為，例如酗酒或使用藥物，不要猶豫，趕緊鼓勵悲傷者尋求專業的幫助。並詢問你的公司是否提供員工輔導服務。

- 一年之中會有某些時候，對悲傷者特別難受。例如結婚週年、節慶或生日，若可能的話，請特別注意，悲傷者會在這些別具意義的時候請比較多天的事假或病假，同事們不用覺得太訝異，至少在死亡的第一年內，悲傷者的工作表現仍然時而會受到影響。

在職場上，死亡與悲傷永遠不會是容易處理的。但讓人欣慰的是，本章所提出的方法，可以幫助建立關愛和友善的工作環境。在這樣的氛圍裡，員工會覺得有價值和被尊重，如此一來，員工的效率和對組織的忠誠度會整體提升。一個關愛的公司，無論是員工生病或健康、快樂或悲傷，都同樣會受到重視。它保留空間慶祝生命，也紀念死亡。我的好友戴瑞克一生貢獻給公司，也跟同事維持著重要的關係。當他面臨生命的尾聲時，他的公司和同仁義無反顧的投入支援，以作為回報。這種互惠的關係，透過一群人的支持和關愛，讓艱困無比的時刻，變得比較溫馨，也比較容易度過悲傷。

與醫護人員進行困難的對話

第六章

溝通最大的問題是，我們以為我們溝通了。

——喬治・蕭伯納（George Bernard Shaw）

讓我們面對現實吧：我們都不再年輕了。不只是我，不只是你，整個加拿大的人口都在老化中。當我們逐漸邁向老年，我們會開始發展出慢性疾病，最終，我們都會死。我們需要在生命末期的時候，知道如何跟我們的醫護人員對話。身為醫療保健的消費者，我們越來越懂得很多知識，我們不會再心甘情願地等著醫生來跟我們說明死亡。我們有權決定在生命尾聲的時候想要何種照護，我們期待也需要醫護人員能跟我們一起討論照護的問題。更進一步的，我們需要在我們健康且有能力的時候進行這些對話，而不是等到我們再也沒辦法為自己說話的時候。

很諷刺的是，很多醫護人員並不怎麼擅長跟我們進行這種對話，有些甚至想盡辦法逃避這個話題。

安寧療護在醫學上算是比較新的領域，對醫學教育上更是一個新的體系。所以，目前在執業的人可能沒受過什麼訓練，來談臨終和死亡。很多情況是，他們忙於專注在如何把我們救活，以至於沒空談到死亡的可能，這是情有可原的——事實上，這樣滿好的——當我們的病是治得好的。但如果我們的情況越來越無望的時候，我們就需要跟醫生談談，在我們生命終了的時刻，我們想要和期望什麼。

本章的目的是提供一些方法和溝通技巧，來讓你順利的進行這些對話。相信這對你和你的醫療團隊都會很有幫助。我希望這會鼓勵你，在你精神和身體狀況都還允許的時候，跟你的醫護人員談談臨終照護。沒有任何事可以讓生病和垂死變得容易些，但至少公開誠實的溝通，可以讓這過程不那麼艱辛。

別驚訝！談論臨終照護真的很難

良好的溝通是良好醫療的基礎。對任何生病的人來說，尤其是臨終的病人，溝通是自我掌控和自主權重要的一環。研究顯示，當病人感覺被聽見、被尊重，而且自己是替自己做決定的小組成員之一的時候，他們比較積極的參與醫療過程，也比較滿意。然而，醫療團隊仍然欠缺良好的溝通技巧，為什麼對於接受療護和給予療護的雙方來說，溝通這麼困難？

爲何對病人來說溝通很困難

我們在第二章有討論過，多數的我們不知道生命走到尾端的時候，什麼對我們很重要。我們覺得談臨終和死亡很不舒服，而當時候到了，我們掙扎著說不出我們想要什麼。

排除我們對「死」這個字的不安，還有其他原因讓溝通窒礙難行：

- 我們不想給醫療人員壓力，或對醫療系統提出多餘的要求。
- 我們可能覺得，談論我們的期望、我們對死亡的懼怕和感受是沒啥意義的，甚至好像是種特權。當你覺得自己的想法和感受都無關緊要時，或你覺得談這些事都在浪費別人的時間時，你自然會想把話題就此打住。
- 我們其實是害怕的，而害怕讓我們不想知道，接下來的病情發展會如何。
- 很有趣的，我記得我碰到過的一位男士，他大方地承認：「如果我不問，就可能不會發生，我最好假裝什麼都不知道。」有些人真的不想知道病情的進展或治療成果，這是他們的權力。每個人都有自己的方法走下去，他們可能認為，不知情反而讓他們的生活品質好些。對有些人來說可能真的如此，然而，常見的是，這種否認是很短暫的，經過一些試探詢問，我們發現他們都知道自己的狀況，也明白未來可能會預期的事，只是他們不公開承認而已。

- 我們擔心如果我們談起臨終，別人就放棄了我們，或更糟的是，談臨終好像就代表著我們不想活了。

就在沒多久以前，醫療人員會告訴罹患絕症的人說：「你的病沒藥救了，我們現在什麼也幫不了你了。」今天，我們知道，好的安寧和臨終療護，可以幫助我們很多，它可增進一個末期病人的生活品質，並讓他充分享用有限的時光。這也是為什麼我們要釐清，討論臨終療護並不等於我們自己或我們所愛的人「放棄」活著的希望，處於黑暗或憂鬱中。在臨終前表達我們的需求和想望，是因為我們有知的權利，我們想掌握或拿回，關於照護我們自己的決定。

為何對醫護人員來說討論很困難

好了，現在你也許了解一般人要談論死亡為何是如此的困難。然而，醫生、護士和其他照護人員每天卻都得面對死亡，為什麼他們談到臨終照護的時候倍感掙扎？答案可能你已經預料到了。

- 幾乎沒有任何人決定踏入醫療領域時，是想幫助人們死去。一般而言，他們都立志要救人，或改善人們的健康，不是幫助人結束生命。這是個簡單的事實，可是它提供了很多的解釋。我目前還沒碰過一個護士或醫生告訴我，他們從事這工作很重要的原因就是來照顧臨終的病人。
- 不能治癒病人，仍然看似失敗了。雖然死去是生命的一部分，但經常我們的醫療人員和系統還是不能接受這事實——這種否認對我們真的於事無補。當醫療保健增進我們的健康，讓我們越活越久，我們對他們的期待也改變了。許多人堅信醫生一定可以找到治療的辦法，醫生相對的感覺壓力更大。舉例來說，在過去的幾十年中，癌症治療已經有很大的進步，從前致命的癌症現在都是可以治得好的，也有很高的機率不再復發。腫瘤科醫生與病人之間產生深厚的關係是很常見的，他們一點都不想告訴病人，他們的療程失敗了。

- 他們本身也欠缺進行對話的教育和訓練。一直到一九七〇年代早期，安寧療護——更別說教育訓練了——在加拿大根本不存在。它的起源是因為人們發現，癌末病人和愛滋病人在臨終時沒有受到好的照料，他們往往痛苦不堪、孤單，或持續接受一些沒什麼用的治療。

當時，一位叫做鮑爾佛・蒙特（Balfour Mount）的外科醫生，無法再坐視這現象，於是他跟其他人一起，設立了加拿大第一個與醫院結合的安寧緩和中心，位於蒙特婁的皇家維多利亞醫院。就像今天許多的安寧療護人員一樣，蒙特醫生並不是一開始就選擇臨終醫療作為他的志業的，他是先看到了需求，有所感召，才決心要改變與改善臨終病人的照護。跟其他安寧療護的人員一樣，他邊做邊學。

直到最近的二十年內，安寧和緩和醫療才被納入正式課程，以訓練未來的醫生、護士和其他醫療人員。即便如此，對於怎麼跟病人談及臨終和死亡，他們還是沒有完整的練習。不知為何，我們好像認為，假以時日，他們自然就會了，但其實這不太合理，我們給醫療人員機會，讓他們練習精進重要的技能，例如開刀。我們也應該給他們機會，練習溝通的技巧。

良好溝通：一種共同的責任

幸而，慢慢地、漸漸地，我們越來越會討論死亡了。身為病人，我們正在學習跟醫生和醫療團隊發展一種像夥伴的關係：所有的人一起討論醫療計畫。同樣的，醫生也開始學習若跟醫療團隊一起工作，他們能提供更完整的治療，這個團隊可能包括護士、藥劑師、社工、靈修人士、諮商師、義工，以及病人和他的家屬。

醫病雙方都有責任進行良好的溝通，因為在困難又壓力大的時刻，溝通很容易就崩潰。

尤其是病人臨危的時候，如何有效的溝通更顯重要。有幾個簡單明瞭的策略，可以讓過程順利一點，把握每一次跟你醫療團隊互動的機會，以建立或強化你跟他們有效溝通的可能。

以下的貼心提醒可適用於任何的場景：在辦公室裡、醫院裡、診所裡、家裡，或透過電話及電子信。如果你正在支援一個家人，這些叮嚀也很有幫助：

- **寫下問題，並排好優先順序**：寫下你的問題或煩憂，還有你預計達成的事項，以準備跟醫生會面的時候提出。你的清單可能包括用藥的疑問，你注意到自己家人的或朋友的狀況改變，或是你正試著找出類似疲累、食慾不佳等的原因。把你的問題依重要性排好順序，有些也許可以等到下次會面再問？你也可以一開始就把清單給醫護人員看一下，他們可能會找出一些項目來一起談，或根據他們拿到的最新醫療資訊，如測試結果，替你決定先後順序。你可以說：「我有很多的問題，我在想要先問些什麼，以確認我們有足夠的時間。」這會讓你的醫護人員知道，你尊重他們工作的繁忙、時間的緊湊，他們也會盡量配合你，有效的利用時間。你需要了解的是，如果你有很多的問題，他們可能需要分幾次來跟你談，你的醫護人員會幫你安排接下來的會面。

- **想想你自己平常的溝通方式**：如果你即將從醫護人員那邊接收到一些震驚的消息，你會希望他們怎麼跟你說？你想要等到身邊有愛你的人陪著的時候才說？你想要不只聽到，還要看到一些寫下來的東西嗎？你需要多保留一份測試結果報告或用藥說明嗎？你需要預約下次會面，以給自己一些時間來想想問題嗎？當我自己有壓力的時候，我通常聽不進去什麼資訊，就像我第一次聽到自己罹癌的時候。所以對我來說，看醫生時有人陪著我是很重要的，他可以仔細聆聽、作筆記之後，回答我的問題。注意你自己通常是如何吸收新資訊的，然後跟你的醫護人員解釋，這可以幫助他們，用你最有可能理解的方式，跟你溝通你的診斷結果、治療計畫和最新資訊。
- **準備一份你平常的藥物清單**——或帶著瓶罐也行。很重要的，你的醫護人員需要知道你平常在服用什麼藥物，準備一張清單，寫上你服用的劑量，或帶著瓶罐去也可以。別忘了也把一些天然的、輔助的保健食品也寫上去，例如藥草和維他命：你的醫護人員需要知道，因為它們可能會干擾或改變治療團隊開給你的藥效。

• **記錄你的症狀**：談自己症狀時要做好準備，有時候今天的感覺跟昨天的很不一樣，你很難全部記得住。準備一個症狀日記，也許是個好主意。它不需要是個正式文件，只是要在筆記本上、行事曆上，甚至是你的手機上，記下某個時刻的特別感覺。

試著先回答以下跟症狀有關的問題，幫助你更有效地和你的醫療團隊溝通：

• 你有那些症狀？哪一個是最讓你不舒服的？
• 哪些症狀是持續發生的？哪些是時而出現、斷斷續續的？如果是後者，那它是什麼時候會出現？
• 當症狀出現時，你做些什麼會讓自己好過一點？或是做了什麼反而感覺更糟？
• 目前吃的藥能減輕症狀嗎？

- 你的症狀已經影響了你的日常生活嗎?哪一項?如何影響?
- 這些症狀對你來說代表什麼?你覺得症狀一直在改變嗎?你會害怕這些改變嗎?

也請你記錄你的情緒症狀，身體健康和情緒的穩定狀況有密切的關係。舉例來說，你如果害怕或焦慮，你可能會睡得不好，然後你就會告訴醫療人員說自己總感到疲倦。如果他們無法關注你的情緒和精神上的需求，他們可能會建議你去找社工、靈性關懷者或諮商師。很多人覺得能有一個人跟他們談談是很重要的，即便他們內心許多的問題可能都沒有答案。

在看診的時候，請一位家人、朋友或志工陪伴。有些人覺得自己單獨赴診是很困難的，他們覺得資訊量過多，無法承受。他們擔心自己記不住所有的事情，怕遺漏重要的資訊。對他們來說，有人在身旁支持他們是很有幫助的。這個人就像是多出來的耳朵傾聽，可以記筆記，所以病人不用緊張，尤其是複雜的情況時，病人也可以授權讓他問問題，他可以幫忙確認你了解、記得所有的資訊。

如果你跟你的醫護人員說的是不同的語言，你更需要有人能當你的翻譯。家人或朋友也許可以勝任，但最好是請一位非關親友的人士，來做好翻譯的角色，這樣可以確信資訊是被清楚地傳達，不會因為親友本身受到消息的影響而使溝通產生偏差，你自己也比較容易表達敏感的問題，或困難的情緒。

考慮和醫生進行家族會談：臨終的過程不是一個單獨的事件，它也影響到病人所愛的人，跟家人分享這些消息是很痛苦、很艱辛的。

常常，人們會想直接從醫護人員那裡聽到這些消息和報告，而不是從其他家人轉述的二手訊息，這樣可以使得訊息的傳送不受到家庭互動的影響。資訊不被情緒干擾，立場也中立。如果這是大家期望的，家庭可以要求進行一個會談，讓病人和所有關愛的人跟醫療團隊一起見面，讓每個人都有機會問問題，談談他們的希望和懼怕，對療程有深入的了解，並計畫臨終照護。

清楚說出你知道的事情。有時候，醫護人員以為病人和家屬對病情已經有相當的理解，事實卻不然。另外醫療人員常很有自信的認為，他們把醫療狀況和病情發展都清楚的溝通了——但其實他們說得含糊不清。病人和家屬對疾病的狀況和診斷有正確的理解，是醫護人員的責任，病人也應該把他們對自己病症的認知說出來，所以醫療團隊可以立刻修正任何的誤解。

有的時候，我們甚至需要聽到同樣的訊息好幾遍，才真正消化吸收，開始明白這個消息意味著什麼。很多人調適的方式是一次只聽進去一部分訊息，這是他們的自然防禦系統。

問問題：想問問題，或想重複你聽到的訊息時，不要猶豫。你（和支持陪伴你的人，如果有的話）正確的了解是很重要的，如果醫療人員用的字或醫學術語你聽不懂，請他們解釋。想要釐清自己的病對生命會造成何種危險已經是夠困難的了，更何況很多醫學用語是我們一般人都不熟悉的，你如果問清楚，會節省大家以後的時間和精力，你也可以請你的醫護人員把重要的技術名詞都寫下來。

如果你的療程改變，你最好要問為什麼。舉例來說，如果醫生開了一種新藥，做了新的測試，或把你轉介給其他專家，你一定會想要知道下一步是什麼。在你離開診療室之前，你應該對醫生說的未來計畫，有自信掌握了十之八九。

誠實就如同其他的關係一樣，你跟你醫生的關係應該是誠實的。有時候人們會給醫護人員他們想聽的答案或訊息，有些人還會隱瞞事實，就算他們的不舒服其實越來越嚴重了，但他們就是不想再回醫院。或是他們不告訴醫生他們私下停用了某個藥物，因為那些藥物讓他們昏昏欲睡、無法清醒。但這樣是很不好的，醫護團隊需要正確的訊息，才能做最好的治療。你若想試不同的方法，他們會理解，但你得告訴他們。沒有人需要羞於承認，自己是害怕或困擾的，或自己不懂醫生在說什麼——這些都很正常，醫護人員會體諒的。

人們也不該覺得有壓力，必須快速做決定，如果需要多一點時間思考或消化資訊，可以約下次診療時間再討論。

詢問自己的選項。每一種病情，通常可以選擇不同的方法處理，包括不處理或停止治療。面對許多的選項，做決定是不容易的。

想要對選項有完整的了解，你和你的親人可以詢問醫護團隊以下的問題：

- 這個療程的優點和缺點是什麼?對我可能有什麼幫助?或者對我可能

有什麼危險？

- 如果我不接受這種治療的話會怎麼樣？等我情況越來越糟的時候再接受這種治療可以嗎？
- 別人跟我有類似的狀況時，用這種治療有效嗎？
- 我現在該做什麼、想什麼，對我以後才有幫助？

有力量的隻字片語

當你跟許多不同的醫療人員進行對話時，你會發現有幾個主要字眼不斷的出現。有些你熟悉，有些可能你沒聽過，有些是醫療用語，有些不是。但它們都可以幫助你順利進行對話。

希望：這是個很有力量的詞。有時候，面對生命末期的人，聽到這個詞會很驚訝。

但有些人即便是接近死亡也不放棄希望，只因為希望對不同的人有不同的意義。當一個醫護人員問你：「你希望／期待什麼？」請注意他們不是問你是否對治療仍存有一線希望，他們知道許多罹患不治之症的人，在某些時刻，還是期望有奇蹟出現——甚至想像診斷報告是錯誤的。在這種情況，他們不是要請你面對現實別再否認，他們是想問你：「現在你知道你的身體狀況了，你今天希望能做什麼？」

在安寧療護裡，我們說到希望是一個持續演變的過程。診斷剛出來的時候，大多數人都充滿希望的，即便他們手上拿了一副爛牌，他們還是有信心。然而，隨著病情的進展，希望也漸漸改變了。舉例來說，躺在醫院的人，可能希望在死前能最後一次回家。有些難以忍受疼痛的人，可能希望找些方法，讓他們好過一點。其他人可能希望他們正在服用的藥物可以讓他們保持足夠的清醒，以跟家人親友共享時光。

什麼都不做：許多人擔心如果他們同意安寧和臨終療護，就再也沒有人來管他們的死活，那絕對是錯誤的想法。我們一定要超越這種舊有的觀念，以為安寧療護就是什麼都不做了。當然，對於走入末期的病人，它代表了不做無謂的醫療來延續生命。然而安寧療護是很積極的，它專注在病人和家人上。它了解疾病不是病人的全部，病人還有情感的、社會的，和精神的生活，即便治療已經無望，安寧療護仍關注在生活的品質上，讓我們好好活著，直到死去。這種積極的療護是把注意力放在苦痛和症狀的管理上，支援病人和家人情緒與精神需求並設計一套照護計畫，尊重個人的價值觀和理念。

DNR（放棄急救）：DNR是一個指令，經由你的醫生簽署，讓所有你的醫療團隊知道，當一個人心肺停止——意即心跳停止或停止呼吸——他不要醫療團隊試圖將他搶救回來。

對於放棄急救我們仍有很多疑惑。有些人擔心如果他們同意放棄急救，他們就沒人照護，醫療團隊就把他們丟在一邊了，這絕非事實。

想了解放棄急救的真實狀況，看電視影集可能是幫倒忙的，像是在《實習醫生》影集裡，人們常常被急救。不幸的是，真實醫生往往沒有電視醫生這麼好的運氣。要把某人從死裡「救活」，必須進行心肺復甦術，也就是可能需要切開肋骨，試著讓心臟重新跳動，也可能需要插管，從喉嚨插入一條管子，並將管子連接到一個叫做人工呼吸器的呼吸機器。可能還得電擊，或注入強烈藥物，這些過程是侵入性的、痛苦的，而且就算「成功」的把人救回來了，某人可能脆弱不堪，比以前感覺更不舒服。最終，還是會因為病痛再度死去。當我們把急救的真實狀況告知病人後，許多人就決定放棄急救。

全力搶救／什麼都做：很自然的，我們會想給自己以及我們所愛的人最好的照顧。我們不能想像，沒有他們的日子怎麼過。而且有時候一聽到：「我們現在已經沒辦法了，」我們不自覺的就會回應：「不管怎樣，做什麼都好，我都要活下去或都要把他救活。」

可是多數的我們不知道「什麼都做」意味著什麼。「全力搶救」的意思是，如果病危的人停止呼吸，或他的心臟停止跳動，醫療團隊可以使用所有的工具，來讓此人活著。它包含上面我講過所有的急救方法，而且可能還加上餵食管、灌輸及其他醫療行為。

有些人要求「什麼都做」，因為他們害怕，不這麼說的話醫療團隊就會放手不管。如果這是你擔心的話，請跟你的醫生談談。你可以說：「我了解你對我的病已經無能為力了，可是現在你可以幫我做什麼，讓我的生活品質好一點嗎？一直到我死前，你還會為我做什麼呢？」

預先照護計畫：很多加拿大人已經開始關注，他們在生命末期時想要何種照護。多數的我們對於未來會發生在我們身上的事，都想要有所掌控，因此預先照護計畫是很重要的。在前面我們已經提過如何跟家人和朋友進行預先照護計畫的討論，現在我們要講的是如何跟你的醫療團隊進行這個討論。請記得這個過程不是只填填表格，找個人處理你的東西和金錢而已。它是在你臨終前，跟照顧你的人持續進行的對話。開始這些對話永遠都不嫌早，它讓你的家人和醫療團隊，都知道你想要的方向。

就如同跟家人朋友討論計畫是很重要的，跟醫療團隊討論也相當重要。很糟糕的是，許多的我們都等到危機出現，才逼不得已的做出立即的決定。

即便是跟經驗豐富的醫療團隊，要開始這樣的對話都很困難。有些人很沮喪，因為他們的團隊除了給他們治療的選項外，沒時間聊其他的事情。作為一個安寧病房的社工人員，我經常需要負責跟臨終病人和家屬討論照護計畫。有一天下午，我正在跟一位可愛的老先生會談，他需要做一個困難的決定，他很沮喪地問我：「為什麼都沒人問問我想要什麼？」

很不幸的事實是，如果我們一直等別人來問我們要的是什麼，我們可能永遠也得不到。有時候，醫護人員認為給病人一張選項單子，就等於已經問過病人他們要的是什麼。我當時就是給了老先生一張單子，可是我後來明白，那跟直接問病人他們在臨終的期待和希望是不同的。對他們很重要的事也許不在單子上，或是單子上的選項對他們都沒什麼用。

若你主動開啟這個對話，你可以把選項改成對你或你愛的人有幫助的事情，讓你或他在最後的日子裡達成心願。也許是最後一次回鄉下小屋看看，也許是見到那特別的人一面後才了無遺憾，也許是在最後幾天裡想把管子、點滴拔掉，讓自己平靜安詳的走。這些重要的期望，都可以寫在預先照護計畫裡。

把你的心願告訴醫護人員是很必要的，他們有時候需要你的提醒才會開始跟你談預先照護計畫，如果是這樣的話，你可以像這樣開始進行對話：

「我很擔心，如果我的病繼續這樣發展下去，我不知道會變成怎樣，現在看起來不太可能會好轉了，我是不是該想一下後續的事？」

這種開場白會讓醫療團隊知道你已經準備好了，願意談談臨終的時候對你重要的事，他們應該就會繼續跟你對談。

你也可以問問醫療團隊以下的問題：

- 根據你看過其他跟我有類似病症的人，當我情況惡化時，你覺得我想要或需要什麼？
- 我會痛苦不堪，需要藥物來控制我的症狀嗎？我需要的話，隨時都可服藥嗎？藥物對我會有什麼其他影響？
- 除了醫藥外，我還可以有哪些幫助和支援？
- 對於關愛我的人來說，會有什麼要求和壓力？我能幫他們些什麼？
- 我的情況改變的話，我會面臨什麼決定？

你的醫療團隊需要知道關於你的事

安寧和臨終療護人員經常會問病人：「你可以跟我分享一些關於你的事，好讓我能提供你最好的照護嗎？」

這是個值得好好想一想的問題，花點時間，讓照護者知道我們有什麼特質、什麼對我們很重要，它可以幫助你的團隊，用對你最好的方式照護你。每個人覺得重要的事都不一樣，我們每個人都是獨特的，當我要做癌症手術時，對我重要的是越快回家看看孩子越好，我也讓我的醫療人員知道我（通常）滿有幽默感的，我跟人互動時是輕鬆愉快的。

然而，當我們面臨病痛與無常的時候，我們很難釐清真正對我們重要的是什麼。很多的煩惱和憂愁在我們的腦子裡打轉，所以及早想想要告訴醫療團隊什麼，會比較有幫助（如果你預先都想過了，屆時比較容易想得起來）。以下我會提供你一些問題，這些問題對你的家人朋友也適用。

- 要維持良好的生活品質，什麼對你是很要緊的？它們可以是很簡單的事——盡量待在家裡，抱抱孫子孫女，好好洗個澡、遛遛狗。或是一些很實際的事——自己做照護決定，或完成結婚這件人生大事。這些事沒有對錯，它只是單純的關乎你想要什麼，什麼能讓你開心，給你滿足。
- 你的照護目標是什麼？你可能想要把活著的時間拖長，好讓你再過一次聖誕節，或看到你孫子女的出生。你可能想要居家照護的方式，可以盡量讓你跟你的家人共處。或者你想要的是減輕疼痛，或先治療其他的感染，好讓你的最後幾天，身體是舒服的。
- 除了你的病痛外，你的生活裡還有哪些額外的壓力或大事發生？

- 你認為接下來會發生什麼事？你最煩惱的是什麼？
- 你想跟你親近的人一起完成什麼事嗎？
- 如果你的病情急轉直下，你需要什麼維持你的生活品質？可能包含你的關係人、你的愛犬／貓在身旁，聽音樂或是唸書。
- 關於你的病況和照護，你可能需要做出困難的決定，你已經準備好要做出取捨和妥協嗎？舉例來說，你願意昏昏欲睡、少點痛苦，還是保持清醒但感覺疼痛？
- 對你來說，美好的一天是什麼樣子？

當我先生的祖母從醫生那裡得知，她的癌細胞對治療沒什麼反應，可能剩下不到一年時間可活的時候，她只提到幾件對她重要的事。她很愛打橋牌，所以只要她疼得不怎麼厲害，只要她的藥沒讓她嗜睡或頭昏腦脹，只要她還能跟家人炫耀打牌贏了，她就覺得活得有品質。如果這些事都做不了了，她就知道自己離死亡不遠。

找出你的標準，你熱愛的事物，你最喜歡做什麼，讓你覺得活著還有意義？可能就是一段休閒時光，像是我先生祖母的橋牌。可能就是跟家人朋友在一起，可能是畫畫、唱歌、寫作或煮飯。想想怎麼跟醫療團隊溝通，讓他們了解你的想法，他們會依照你的喜好，為你做最好的安排。

給臨終者保留空間

第七章

沒有說出的話，未能完成的事，都成了墓碑前，最痛徹心扉的眼淚。

——哈里特・伊莉莎白・比徹・斯托（Harriet Beecher Stowe）

我們很多人都是「修正者」：我們看到問題，就想去修正它。我們不停地尋找方法、採取行動來解決問題。然而，當我們的摯愛走向死亡時，我們已經阻止不了了，我們無法逆轉死亡，但我們仍能照護臨終者。我們可以付出最大的心力，溫柔細心的照護，並做些有意義的活動。在思考照護方式時，最好的辦法之一，是想想「保留空間」這件事。

「保留空間」（Holding Space）這個詞語最近已經越來越流行了，練習瑜伽或靜坐的人，可能很熟悉這個概念。作家及教練海瑟．普萊特（Heather Plett），在她的網站上形容保留空間是：「願意走在他人的旁邊，無論他們要走向何方，都能不做批評，不讓人覺得匱乏，不試圖修正或想改變結果。」

保留空間指的是，釋放掌控的需求，給予無條件的支持。在安寧療護社群裡，保留空間與「陪伴」臨終者的概念互相輝映：在關愛與細膩的環境裡，隨行在側。臨終有時候是個孤單的經驗，可是如果我們保留空間或陪伴，我們等於承諾臨終者，在他最困難的時刻，我們會與他同在，不會拋棄他。

人們在死前有些普遍的懼怕，包括失去控制的懼怕，對未知的懼怕，和造成別人負擔的懼怕。保留空間給臨終者，讓他們能表達和分享，才能降低他們的懼怕，讓他們聚焦在活著的日子，直到死去。

我們保留空間，需注意兩個重要的元素：周遭環境和細心溝通。

周遭環境

多數加拿大人表示，他們想死在家裡，身旁有熟悉的事物，也就是死在他們曾經喜愛的空間裡。然而根據統計，將近百分之七十的死亡，都發生在醫院裡。雖然不是每個想在家死去的人都能如願，很多事是我們能做得到的，來創造一個讓臨終者感覺平靜安詳的環境：

- 準備臨終者熟悉的物件。例如，一些照片、一個他最愛的枕頭或毯子，如果臨終者是躺在開著日光燈的醫院或安寧病房裡，可以考慮帶盞光線柔和的床頭燈。醫院裡因為疾病和死亡眾多，可能充滿了刺鼻的味道，有時房門緊閉，空氣也很沉悶，若可能的話，讓房間裡的空氣流通，打開窗子或風扇，保持空氣新鮮。

- 有時候，臨終者會覺得音樂讓他們愉悅或感覺舒服，如果是這樣的話，可以帶一些他們喜歡的音樂播放給他們聽，也許當背景音樂，也許當作娛樂或冥想用。音樂可以讓人放鬆，也讓人暫時忘記苦痛。有時候，音樂可以用來排除醫院的噪音或不悅的聲音，音樂偶爾還可喚起記憶，可以幫助病患回味、暢談以往時光。
- 當人們臨終時，經常會有很多人想探望他，很重要的是，所有的探訪者——朋友和家人——都要尊重臨終者的狀態和意願。太多探訪者可能對某些人是招架不住的，而有些人卻喜歡越熱鬧越好，探訪時也應注意時間長短，短暫的停留可能比較適合某些臨終者。
- 當然，跟臨終者盡其可能的互動，是很必要又珍貴的，但有時候他們會想要獨處，他們也需要一個人靜一靜。這對親人來說可能難以理解，畢竟能與他們相處的時間已經有限了。

細心溝通

細心溝通是超越簡單對話的，它是深入的，而且包含我們的行為舉止，都在溝通。以下提出一些方法，來進行跟臨終者的細心溝通：

- **承認你的害怕，然後繼續試著進行**。我在書的其他部分已經提過，現今的我們，欠缺跟臨終和死亡直接接觸的經驗，這是很正常的。當有人感覺失落或懼怕時，我們對自己沒有信心，不知道該說些什麼，由於我們欠缺經驗，我們自己也很茫然，很怕自己做錯事或說錯話，讓情況更糟。別擔心，人生的局面千變萬化，你不知道該怎麼做，你不會、你也不能永遠知道。在面對臨終和死亡時，覺得不安、恐懼、失落是很正常的，大多的我們對於突如其來的狀況都是沒準備好的，也不知從何準備。不要強迫自己一定要「把事情做好」，當你所愛的人將不久於世，你可以允許自己混亂，對自己溫柔一點。
- **與臨終者同在就好**。當我的好友戴瑞克即將去世時，我帶著十二歲的兒子一起去探望他。我兒子非常愛戴瑞克，在探望之前，我給兒子一些建議，教他等一下可以如何說話，結果他完全沒採用。雖然我希望他跟戴瑞克可以進行些深層的、有意義的對話，他們之間就是不需要。他們只需要並肩坐在沙發上，像往常一樣坐在一起就夠了，有時候他們看看電視，有時候他們吃點東西。在回家的路上，我問兒子他對探訪的感受如何，他總是回答：「很好啊！」「我只是想再看看他就好。」有時候，眼神交流、心意相通，已是份珍貴的禮物。

我們身處在愛說話的社會裡，我們不太會「做好」安靜這件事。可是當我們的摯愛臨終時，我們可能已經不需要再說些什麼。經常，臨終者想沉澱下來，回顧自己的一生。有時候，他們或他們所愛的人會感受到許多深層複雜的情緒，難以言喻。這個時候，我們可以靜靜地與他同在，只是保留空間，就已經足夠讓他知道，我們愛他、在乎他。非語言的溝通，像是握住手、輕拍肩膀、或擁抱、或專注在當下，都傳達了你的愛。

更重要的，臨終是個辛苦的過程：身體上、情感上、精神上，及社交上都很辛苦。一個即將去世的人常常是感覺疲累而無法說話的，在這種情況下，只是為了打發時間或打破寂靜而說話是沒什麼意義的，所以請允許自己偶爾沉默不語，就是坐在旁邊。若你非得做什麼才行，那就聽聽音樂、看電視或看書。

- **努力「正常」過日子**。臨終和死亡是正常生活的一部分，雖然對我們的確是個挑戰，但大多的時候，它不是什麼重大危機，需要我們一刻也不能鬆散的處理它。臨終的人明白，周遭的生活仍繼續進行，他們也很想參與其中，他們會想知道外面的世界每天發生了些什麼事，跟他們聊聊新聞，他們喜歡追的劇情，或你正在看的一本書，講講你上班、上學或家裡發生的小故事，如果你工作上出現些難題，或家裡有些狀況得解決，你還可以問問臨終者意見，我們永遠都想被需要，讓我們有活著的感覺。
- **聆聽**。為某人保留空間，經常代表著聆聽勝於說話。用心傾聽對任何人、不只是臨終者，都是個美好的禮物。但多數的我們都未曾想過我們該如何用心傾聽，我們認為聽就是被動的，不需要思考或費力，事實上，聽是一個需要練習的技巧，以下是一些傾聽的方法：

◆**表示尊重**。沒人能體會臨終者真實的感受，我們需要記得，這是他們的經驗，我們要尊重，並提供一個安全的場域給這份經驗。即便我們想分享一些資訊，我們都不能強加我們的觀點或意見在他們身上，我們也許會很想告訴他們一些對別人有效的方法，可能是某種藥、某種治療，或某種適應機制，似乎對某人有用，但我們得避免這麼做，我們應該問他們想要什麼，然後盡量給他們選擇的機會。

◆**誠實為上策**。承認情況很困難，你不知道該說什麼，或你覺得很難過，都是ＯＫ的。每當碰到挑戰性的時刻，我們總太過聚焦在說出「正確」的話語，有些人會用幽默來隱藏自己的不安，雖然這是情有可原的，但如果我們不夠誠實或坦然，反而對自己和所愛的人都沒有幫助。

◆**接受臨終的事實**。當時候到了，我們不能再假裝一切都會ＯＫ的、沒事的，請不要再建議情況會好轉，或是臨終者會康復，會開始吃東西，或重新有能力活動起來。避談臨終的事實，等於在暗示臨終者，他們不能表達他們的憤怒、懼怕和哀傷。一直想保證臨終者一切

ＯＫ，會讓他們覺得自己的感覺和擔憂是微不足道的。相反的，我們保留空間，就是允許他們害怕、焦慮及傷心。同樣的，也請避免一些老生常談，例如：「凡事自有因」，「這是上帝的旨意」，或「神給我們的，都是我們能力所及的」。

◆ **注意身體語言**。我們的身體也需要傳達，我們真的準備好了，也願意聆聽。用你的眼睛溝通，坐下來，把手機或雜誌放一邊，避免想要一心多用的慾望。

◆ **專注於呼吸**。當你花時間跟臨終者在一起，聽聽他的呼吸，經常是讓你專心的辦法。呼吸除了是生命的跡象以外，呼吸也可以讓你的心神緩慢下來，把空間留給傾聽，幫助我們感覺平靜踏實。

◆ **願意打開困難的話題**。在戴瑞克診斷出來沒多久，我就問他：「如果你想談談臨終，請讓我知道，我隨時都願意跟你談。」

他乍聽之下有點驚訝，沒有當下接受我的心意，直到幾個月以後。如果你不介意談一些可能尷尬的話題——舉例來說：臨終、財務、關係、或性——把你的心意說出來，若他不想馬上接受你的好意，也請體諒對方。

◆ **回顧**。當我阿姨即將離世時，我去安寧病房探望她，並請她跟我透露一點我一直以來很好奇的家庭祕密。她跟我聊了一些她的冒險故事，和這一生對她很重要的許多人，有些事情我聽過，但多半時候我是嘖嘖稱奇的。我讓我的阿姨知道，她的故事、祕密和知識，對我是很重要的，聊聊這些回憶，強化了我們之間的連結，也讓臨終者確信，她會活在人們的心目中，長長久久。

◆ **為情緒做好準備**。如果你能成功的保留空間給臨終者，你就等於保留空間給其中的複雜情緒。情緒沒有對錯，它們就是情緒。當我們面對某人強烈的或難以忍受的情緒時，我們很本能地想去安慰他，可是這些情緒也需要空間和時間，每當眼淚奪眶而出時，試著不立刻衝向面紙盒，一哭就遞上面紙，有時候似乎在告訴對方，你希望他別再哭了。等一下下，也許試著邊給面紙邊說：「你一定有很多想哭的事情，今天就好好地哭吧。」

請了解跟臨終者一起哭是很正常的，你不用覺得不自在或丟臉，你的眼淚不會造成傷害，或讓場面更悲哀。相反的，你可以把哭泣正常化，當我們所愛的人不久於世，我們自然會流淚，它是人類對苦痛的自然反應，有時候我們哭泣，臨終者會感受到，他對我們是何等的重要。

◆ **跟臨終者說話，即使他毫無反應**。到了某個時間點，臨終者就再也無法回應你了，但這不必然表示，他或她不能感受到你的存在，或聽不到你的聲音。繼續跟他說話，保持對話，回想往事，或告訴他誰來看他了。你可能會覺得愚蠢，但這樣可以跟臨終者維持連結，以示尊重。

◆ **用科技溝通**。當今，很多的我們跟我們關愛的人分住各地，距離十分遙遠。然而，科技可以幫助我們保持密切聯絡。透過電子信、簡訊、Skype、電話或社群媒體，這些科技讓你跟臨終者持續溝通、對話、分享故事和回憶，他會明白，你真的一直重視他、關心他。

◆ **告別**。臨終的過程，提供一個機會給人們，好好跟所愛的人說再見。告別很艱辛，也很重要。它是最後一次讓人們知道，彼此對各自生命的意義及影響。

告別也讓人有機會說出其他重要的事情，例如：「請原諒我」，或「我原諒你」，「謝謝你」，當然還有「我愛你」。它給人們機會來直視關係裡錯縱複雜的部分。當某人去日無多時，請求原諒或給予寬恕是很有力量的撫慰，也幫助彼此往前邁進。當然，你不保證會得到什麼反應，或是反應不如你預期或渴望的。但至少你曾經試著處理關係中最痛苦的部分，光是這樣，很多人內心就平靜多了。

我曾經幫助過一位父親即將往生的年輕女性。她跟父親極度不合，關係惡劣。在她父親死前一週的一個晚上，她輕聲地在他耳邊說：「我原諒你，我們現在沒事兒了。」她父親絲毫沒有反應。然而，父親死後，女兒感到內心無比平靜，她很欣慰自己在父親還沒斷氣的時候，至少有機會說出口。重要的是她真正原諒他了，說出「我原諒你」，讓她釋放一些長期壓在心裡的憤怒。那一刻，對她的悲傷過程是很關鍵的，最後也才有可能真正療癒自己。

再者，告別是一個表達感謝的好時機。感謝臨終者曾經是你生命中重要的一部分，他們會覺得走得很有尊嚴。

他們需要知道，他們曾經對某人是有貢獻的，他們是不枉此生的。當我向戴瑞克告別時，我感謝他曾經當過我的好友、我孩子生命中意義非凡的大人，在我們需要他的時候，他總是我們的靠山。我告訴他，我們會一直愛他，以後會常常提到他、記起他，我也讓他知道，我們在他死後會過得好好的，我們會照顧自己——即便我們會不停的想念他。戴瑞克的癌症讓他經常受病魔之苦，極為難堪。我請他放心，在我告別之際，他一直維持他的尊嚴和完整性，他是我生命中珍貴的一份愛。

我們總是認為，告別必須是個重大時刻。實際上，如果你持續保留空間給臨終者，你可以在這過程中，說好幾次再見。最要緊的，就是別等到最後幾分鐘才說出你一直想說的話。當死亡的腳步接近時，試著讓每一次的對話都當成可能的最後一次——如果那真的成為你跟臨終者最後的對話，你事後才會覺得安然。說再見也不一定要很感傷，你不需要事先計畫，可以就是單純的讓臨終者知道，他們對你，從現在到未來，都很重要。

請記得，當你跟臨終者告別的時候，他可能還要跟許多其他的人告別，這是個辛苦又牽動情緒的過程。再加上臨終的重大時刻隨時來臨，你關愛的人可能沒有足夠的精力，來跟你依依不捨的道別離，不要因此而懊惱，這不影響你們之間曾經存在的愛。

即便臨終者已失去意識，你還是可以跟他說再見。你也許覺得自己在獨白，但很多在安寧病房工作的人相信，聽覺是最後一個喪失的感官。雖然我們所愛的人已無反應，我們認為他們還能聽得到。有時候，在這個時間點，人是在等待一個死亡的許可。舉例來說，某個家庭成員可能會說：「媽，妳可以放心的走了。」或是「我們愛你，我們會永遠想你，我們知道你現在累了，你可以安息了」。臨終者有時需要聽到，他們的親愛家人都會繼續好好活著，他們才能無牽無掛。

留下遺贈

在你所愛的人臨終這段時間，保留空間絕不是件容易的事。很多照護者常常提到，他們感覺相當無助，他們「總想做點什麼」。這個時候也許可以想想，能如何幫臨終者遺愛人間。

有時候，人們一聽到「遺贈」的概念，就有點嚇到了，它聽起來好像很龐大或很高調。我們可能認為遺贈就是捐一大筆錢給像是醫院、學校，或是當地的藝術機構等等。

當然，有能力可以捐贈是很美好的，但有時候並非一定要財力雄厚才行——甚至可以跟錢毫無關係。一份遺贈，就只是我們留給這個世界的東西，代表我們曾經活過、愛過。它是一個有意義的舉動，來保持連結，延續回憶。遺贈項目可以幫助親愛家人緬懷和紀念死者，它們可能包括一個實體的物品，讓後人可以享用。或者也可能是舉辦某種活動，來向死者致敬。無論是何種形式，遺贈的目的是為了活著的生命，它鼓勵人們維繫感情，繼續分享人生重要時刻。

建立遺贈項目有很多種，也可以發揮創意，反映死者的特質。

它可以是留下書信給親愛家人，或一段影片、一本相簿，或回憶的剪貼本。當舅舅得知父親罹患絕症之後，他每個星期探望父親一次，訪談並記錄父親有關「古老家園」的故事，以及他移民加拿大的歷程，這個書寫項目讓我們家三代人，都更深入了解我們來自何方。

我還曾經有幸協助過一位懷孕的女性，她的母親住在安寧病房裡，同一個時空，一邊看著小baby在媽媽肚子裡成長，一邊看著媽媽的母親日漸凋零，是個特別的經驗。女兒最大的遺憾，就是她的媽媽不能看到新生兒的出生。臨終的母親一輩子都熱愛做菜，當診斷結果一出來，母親就把家傳的私房食譜交給女兒。然後女兒創作了一個食譜箱當作是遺愛項目，準備送給未來的孩子，裡面都是外婆最拿手的菜餚祕方。有時候母親睡著了，她坐在旁邊，一筆一筆的寫下母親交代的細節，她記下過去陪媽媽準備食物、享用這些食物的歡樂時光，這個食譜箱，成為外婆跟無緣見面的孫子／女之間最好的連結。

陪伴到最後一刻

死前的一刻——臨終者從活著轉移到死亡的特定時刻，在我們的文化裡扮演著舉足輕重的地位。許多人認為臨終者的最後一刻一定要有人陪伴，他們擔心萬一錯過的話，臨終者會死得很寂寞。如果真的發生了，他們會悔恨不已，彷彿他們未盡責任，讓他們所愛的臨終者在最後傷心失望了。

很重要的，請記得臨終就像照護一樣，是一個過程。人們可能在生死之間徘迴幾個鐘頭，甚至好幾天，因此你很容易錯過了那個時刻。如果當臨終者斷氣的那個當下你正好不在房間，這絕不代表你不是個好的照護者，也沒有人會否認你對臨終者的愛，及你面對死亡的傷痛。從生到死這個連續的過程裡，你只是錯失了一個時間點。若你還是很擔心自己錯過最後一刻，那就更要確認自己已經跟臨終者告別，把重要的事都傳達了，至少這樣可以讓你稍微心安，不會因為來不及說出的話而後悔。就算這情況真的發生在你身上，請對自己溫柔點，其實，有些人喜歡一個人靜靜地死去，這點希望對你有幫助。

獨自死去

有些人會希望獨自一人死去，他們不想讓關愛他們的人目睹最後一刻，造成不必要的負擔或心碎。許多人想要人們永遠記得他們健康有活力的樣子——他們不願意讓其他人看到他們彌留的狀態。當我在安寧病房工作的時候，我經常看到，尤其是父母，似乎「故意選擇」孩子離開房間的短暫時刻內死去，他們可能想保護孩子，不管孩子多大了，避免經歷人生中最困難的事情。

我記得有個女兒在臨終前的一個星期，每天在媽媽身邊守著，二十四小時不間斷，她知道媽媽隨時可能死去，所以她一刻也不敢鬆懈。有一天傍晚，就在女兒去拿杯水、上洗手間的十分鐘內，她母親失去生命跡象。我們所有的工作人員都很驚訝，因為當時根本沒有任何明顯徵兆。我們很擔心女兒會因此而痛不欲生，結果女兒的反應更讓我們訝異，她看著媽媽，嘆了口氣說：「媽，妳總是想保護我，是吧？」

死亡的徵兆

想要預測一個人何時死亡幾乎是不可能的，然而，有些身體上的現象，可以告訴我們時候近了，包括呼吸改變：有時候，人在心臟和肺臟停止運作之前，會喘氣好幾次。在身體完全停擺之前，人們可能會深呼吸幾次，中間隔的時間比較長。在身旁的人可能不忍心看，感覺臨終者似乎在掙扎。請了解這是正常現象，只是肺臟在停息之前會排出氣體而已。

- 身體的溫度會改變，皮膚感覺可能冰冷、微熱、濕氣重、或蒼白
- 人們可能不想再進食或喝水

- 可能會有不同的夢遊模式
- 排便次數會變少，便量變小，尿液也減少
- 人們可能陷入意識不清或神情恍惚的狀態
- 他們可能會說看到死去的人，或是死去的人來探訪他們
- 有些臨終者的動作或話語會讓我們難以理解

死亡的徵象也可能是心理的，這是正常的。舉例來說，臨終的人可能表示想「回家」，多數時候，他們指的是想回自己原本住的家。如果可能的話，請安排他們回去一趟。真的做不到時，就發揮點創意：把一些家裡的東西帶給臨終者，也許是他們最喜歡的毛毯或枕頭、相片，或甚至是把家裡的寵物帶來給他們看看。

然而，有些人即便已經在家，仍表示想要「回家」，這可能意味著他們想回到生命中的某個時期，在那段期間，他們的身體舒服得像「在家」一樣，他們的生活正常，也很踏實。另一個可能的意思是他們已經覺得活夠了，準備好離開身體的軀殼，朝向未知的旅程了。這種詮釋將「家」定義為精神上的地方，可視為他們知道死亡的腳步已接近了。

對於精神上的想「回家」，你該如何反應呢？比較好的做法是肯定與接受這個要求，然後請臨終者放心，告訴他們一切都會安好的，可以平靜的放下這段生命了。說這些話當然很不容易，但允許某人「放下」離開，是個有意義的舉動，很多人都有這樣的經驗，當他們告訴臨終者可以放下的時候，臨終者就安詳的走了。

經常，臨終者會說他們看到死去的人，可能是他們愛過的人，或一群人，站在窗邊、床旁邊，或是在門口看著他，也許，這些人是傳達了一種安心的訊息：他們想讓臨終者知道，下一個行程已經準備就緒了，那會是個美好的目的地，不要擔心害怕。

這種「超自然」現象其實不會嚇到臨終者，反而是照護者可能會覺得恐怖驚慌，有些照護者會認為臨終者可能吃了太多止痛藥或產生幻覺。你可以請醫護人員幫忙確認一下，有些照護者會告訴臨終者他迷糊了、搞錯了。或只是想像力太豐富，但最好還是不要跟臨終者爭辯，尤其是對某些臨終者來說，看到這些人可能感覺比較安慰些。請保持正面的語調，讓臨終者覺得舒服就好，相信有死去的人等著跟他團聚，或許可以幫助臨終者更自然的走向盡頭。

死亡時刻及死後過程

有時候，死亡看起來好像是一個漫長的過程，而其他時候，死亡卻在一剎那就發生。無論如何，當死亡來臨的時候，我們都心裡有數。

如果你緊坐在臨終者身旁，你會注意到他已停止呼吸，你會發現皮膚的色澤和溫度開始改變，因為血液已不再流通，臉上的表情也漸漸緩和下來。當臨終者從活著轉向死亡的時候，人們感受最強烈的就是，他們曾經熟悉深愛的人已經不在那裡了，剩下的只是軀殼而已。

很多的我們對死亡的那一幕都有一些預設的畫面，我們會希望那是個充滿靈性的經驗。

對某些人來說可能是真的，但對多數人來說，是充滿複雜情緒的時刻，有些人會忽然感到前所未有的悲痛哀傷，有些人會失魂落魄、陷入呆滯，或鬆了一口氣，或是所有的感覺都混在一起。再者，目睹他人的死亡也同時讓我們開始思考生死：我們可能會問自己人生的意義究竟是什麼的大問題。我們也會漸漸明白，當我們所愛的人死後，對我們的日常生活會有何影響，這些經歷都可能會改變我們怎麼看這個世界。無論我們有任何感受，都沒有對錯，每個人悲傷的方式都不一樣。

當臨終者死後，不管是在家、在醫院、在長照中心，或在安寧病房死亡，都不需要急著做什麼。停頓一下，想想剛剛發生的事，再次說聲再見，如果需要的話，在死者的身旁多坐一會兒：很多人表示這個舉動很重要，幫助他們平靜下來。這時候可能很多人會陸續進來，想跟死者再道別一次，可以的話，把窗子打開，保持空氣清新。有些人相信這樣讓死者的靈魂可以自由地離去，只要他們覺得心裡好過一點，這樣想也無妨。

安慰照護者

臨終是辛苦的，而照顧一位垂死之人也同樣是個耗費身體、情感、精神的工作。如果你是一位照護者，一個參與很多的人，不論是正式或非正式的，都請記得，你的角色是很具挑戰性的，請照顧好自己。當然，這件事說得比做的容易，許多人還得肩負其他的責任——孩子、年邁父母、工作和家務——都需要他們的關注和精力。當你為了照護和職責忙得筋疲力盡時，你很容易忘記自己的需求。

可是如果你不照顧好自己，你的健康可能會出現問題，結果反而影響你照顧臨終者的能力。簡單的說，當你沒有好好照顧自己，你就無法好好照顧別人。如同作家、藝術家、老人醫學專家艾倫．諾布朗（Eleanor Brownn）寫道：「照顧自己不等於自私，自己若空了，什麼也給不了別人。」

照顧自己可以有好幾種方式，以下是一些建議：

休息片刻。吃一頓營養美味的餐點，睡個午覺、泡個澡或散散步。若你覺得臨終者身邊一定要時時刻刻都有人，可以拜託其他家人或朋友跟你換個班，你會心安一點。安寧病房的志工可以幫忙——詢問一下你的醫療團隊有關緩和喘息服務的訊息。如果臨終者是在自己家裡，而你需要持續注意他們，可以使用嬰兒監視器或其他科技，讓你就算在其他房間也一樣看得到。

接受他人援助。有時候，我們很難接受別人的幫助。照護者可能擔心，如果要求其他親友幫忙照顧臨終者，似乎顯得他們能力不足或強人所難。請記得大多數的人都是真心願意助人的。當他們知道自己關心的人正在面臨死亡時，他們也同樣地感覺沮喪無助，很想盡一點心力，那怕只是很小的事情。當有人主動提出幫忙的意願時，給他們清楚的指示，並接受他們的心意。可能是幫忙買菜，修剪草坪、遛狗、去圖書館還書、接送小孩去上課或參加活動，或只是來看看臨終者，坐在旁邊陪伴就好。

注意自己的睡眠及養分。當你是照護者時，你會習慣注意病人的睡眠和進食品質，也請別忘了自己。正常吃三餐，吃得好一點（嗯，喝咖啡加上吃甜甜圈不能算是「吃得好」），也要有足夠的睡眠，不然的話，你自己的健康會每況愈下。如果你晚上需要在醫院裡過夜，可以跟醫院借個小床，或帶自己的枕頭和毛毯，這樣會睡得好些。請朋友幫你帶些你喜歡吃的東西，或幫你看顧一下，讓你好好睡幾個鐘頭。

臨終陪伴永遠不會是個輕鬆的經歷。做為一個照護者最欣慰的地方是，你知道自己曾經被需要過，你也盡力過，這樣或許可以稍微減輕你失去摯愛的苦痛。

上網公布、推特、和簡訊：數位世界裡的臨終與死亡

第八章

社群媒體不只是一個媒體，它主要的功能是聆聽、互動、和建立關係。

——大衛・奧斯頓（David Alston），數位社會擁護者

二〇〇一年七月的時候，凱特・格蘭傑（Kate Granger）被診斷出罹癌。在她生病直到最後三十四歲死亡的期間，格蘭傑——英國的老人病學專家——不斷在社群媒體提倡醫療人員應提供更多、更友善的照護，讓臨終過程更受到關注，更透明化。她的推特運動 #hellomynameis 鼓勵醫護人員只需進行一個簡單但徹底人性化的動作——介紹自己，告訴被照護者自己的名字。她解釋說：「我堅決相信，這不僅是基本的禮貌，而是個更深層的舉動。自我介紹是有關人與人之間的連結，面對正在痛苦掙扎中的人，有人願意伸出援手，彼此的醫療關係建立了，信任也油然而生，無論情況多麼艱難。」

她的推特運動結果獲得來自英國及世界各地超過四十萬個醫生、護士、治療師、醫院接待人員及其他醫療相關人員的支持。葛蘭傑的標籤從推出以來被十億以上的人觀看過，平均每個鐘頭被轉推六次。當她的病情越來越嚴重，已經不可能好轉時，她決定即時線上推特她的臨終過程。她用 #deathbedlive 這個標籤當作是她努力將臨終和死亡討論正常化的象徵。二〇一六年的七月，在她死去的時刻，她有接近五萬名推特粉絲，這個數字仍在持續增加中。

大多數格蘭傑的線上粉絲從未真實跟她見過面，然而，數千名粉絲仍因她的死而感到悲傷。他們在推特上分享他們的想法、回憶，和對格蘭傑的感謝。她幫助他們理解什麼是「活著，直到死亡」的意義。她也教導大家如何用社群媒體倡導改變，去除迷思，增加我們對臨終過程的認知，接受我們自身的感覺。

不是每個面臨生死的人都可以像格蘭傑一樣在網路上@GrangerKate大聲疾呼，但人們可以使用這些工具，來表達失落和哀傷，來分享有關死者的故事，並讓世人記得，我們曾經關愛過的人。許久以前，人們遇到臨終和死亡時會在洞穴上作畫，或將屍體防腐做成木乃伊，在報紙上登訃聞、圖片，或照片，捐贈物品或錢給慈善機構。今天，數位世界提供給我們更多新奇具創意的方式來分享我們對臨終、死亡及失去的感受經驗，並與他人互動。北美地區的人已經開始用推特、臉書和ＩＧ這些平台來談論臨終和死亡，就像他們會上傳食物照片、流行主題和度假照片一樣。

社群媒體現在也成為發布診斷消息與死亡的新聞媒介。我們可以透過它來支持臨終者和他的家人，並提供資源。在我們離世之後，它甚至可幫助別人記得我們。關於生命終點這件事，社群媒體不斷地在改變——及增強——我們怎麼想、怎麼談、怎麼跟人交流。

這應該是個好的開始。在網路上增加臨終和死亡的聲量，讓我們從自己的電腦和數位裝置上，就有機會向虛擬世界學習死亡這件事。把重病和死亡從衣櫃中解放出來，將鎂光燈聚焦在討論上，讓我們更適應死亡乃是日常生活的一部分。社群媒體讓溝通更即時、連續和簡潔。當然某些人對它也可能存疑或覺得不舒服，他們在情感上還沒準備好，看到相關的臉書發文和推特。

無論社群媒體如何幫助我們將死亡的討論正常化，關於禮貌和適當性的問題仍值得我們注意。有些事是否不應該用電子信或簡訊傳遞？哪一類的訊息需要面對面溝通？這些都沒有正確的答案，完全因人而異。有些人無法忍受個人的隱私居然在網際網路裡傳播，其他人會覺得這是種迅速有效的溝通方式。當然，有些人會選擇使用比較私密和專門的網站，我接下來會談到。

分享病情

不久以前，如果某人罹患重病，或得到不治之症，他們經常就因為身體的日漸衰敗而被社會孤立，黯然神傷。才經過幾個世代，我們就失去自在談論這些話題的能力。醫療的突飛猛進，把我們與朝夕發生的死亡隔離。人們沒有一個平台，能提供病情的進展，醫院的照片，來往探訪親友的紀錄，或康復的狀況，給成千上萬的朋友們。科技可以幫助生病的人創造或加入網路社群，當成是一個可以安心分享他們的病痛與每日感受的園地。我們的舒適圈擴大了，即便是生病、死亡和悲傷的個人生活點滴都可以公開出來。有些人還會把他們摯愛的臨終過程放在推特上，不斷更新。可是，某些私密範疇應該是不能跨越的吧？還是說，我們根本不必顧慮？

當我得知罹癌時，我想要邀請我的家人朋友給我支持和關愛，我想要讓他們知道最新狀況，但我也需要保持自己的精力。我原本是可以用電子信告訴大家的，結果我先生跟我決定使用這個網站CaringBridge.org——我喜歡稱之為「生病人專用的臉書」網站。CaringBridge.org是個私人的，沒有廣告的網站，它鼓勵病友邀約信賴的家人朋友來到這個專門的網路空間。在這個網站上，他們會向家人朋友定期更新自己的病情，然後發展一個「他們可以控制」的支持社群。這個網站讓我有機會一次講完我的故事，而不需要對每一位關心我的家人朋友一一訴說。當時我的身體跟心理都很虛弱，因此我很慶幸自己不必重複講述關於我的消息，一遍又一遍，心力交瘁。這個平台也讓我掌控我自己的訊息：我只公布我想要公布的，而且只對我想要的人公布，我不用煩惱我是不是在電郵名單裡面漏了某個人，我知道那些登入Caring Bridge網站的人會自己進入我的網頁瀏覽。我不需要擔心我是否轟炸他們太多訊息，因為他們也可以自己決定他們瀏覽的頻率。

當然，我更高興的是收到許多溫暖的支持，就像一般人用臉書一樣，我的社群網友會在我的「牆」上留言，並傳送私人訊息。有些本來失聯的老朋友，反而透過這個網站重新接上線。每當我跟先生感到害怕、孤單，或需要振作一下的時候，我們會上這個網站看看。後來，感謝萬分的是，我不再需要這個網站。我回到家，一切順利恢復正常後，我關掉網站，刪除帳號。在這之前，我把所有支持我的留言、圖片、笑話，及我和我先生上傳的內容全部印了出來，裝訂成一本紀念冊，算是記錄一段珍貴時光。在這段日子裡，我將需求的網子灑向網路的大海裡，然後獲得滿滿的豐收。若所愛的人不幸去世，蒐集家人好友在網站上曾經分享的種種，集結成冊，也可以成為一個溫馨的紀念，它就如同現在禮儀公司常用的網路慰問簿一樣。

悲傷

想像一下這個畫面：當你正在滑手機看臉書時，你滑過一些開學的、萬聖節的照片，或你朋友最近吃大餐的照片，然後你忽然看到一則更新——你好友的母親剛剛過世了，或是你的舊識發布父親重症的消息，或朋友的小小孩竟然被診斷出罕見疾病，你該怎麼做？你如何回應？你產生出同理心和憐憫的感覺嗎？還是你覺得自己像是個偷窺者，情不自禁的一直關注別人的私事？你能假裝你沒看到那則貼文嗎？你看到某人的貼文是有關家人死亡時，你可以按「讚」嗎？為了讓你們共同的臉友也知道這件事，你可以轉貼嗎？在某人發文後，你應該留言表示支持和哀悼嗎？如果你留言了，你還需要寄慰問卡嗎？

相關的網路互動禮節，就跟網路科技一樣，不斷地在快速演化中。網路可以是個向外延伸的工具，但也可以使我們跟別人保持距離。它能夠提供有意義的支援，卻也可能是膚淺的交談。它可以讓我們打破孤寂，或放大孤寂。在面對臨終和死亡時，我們能使用社群媒體或其他科技，讓我們更有效率，更有資源，如同我們使用其他的工具一樣。但若使用不慎，就一點幫助也沒有。

最近我從臉書上得知我朋友的父親去世了，我原本上她的臉書是想看看她的度假近況，結果卻有個我不認識的人在臉書上透露這個消息。此人寫得很模糊，但我確定我朋友的父親發生了嚴重的事情，我決定不在我朋友的臉書上留言，因為她不常上臉書。

我直接傳簡訊給她，「聽說你爸爸的事了，我在這裡，我能幫你什麼？抱抱。」然後她幾乎是立即就回覆了。「我想你也聽說了，我沒有空打電話給你——現在我也沒辦法講話，我正要上飛機，謝謝你讓我知道你知道了。」科技讓我可以立刻表示關心，伸出援手，這是傳統方式做不到的。當我朋友趕著搭飛機時，她很有可能不接電話，即便她真的接起電話，我知道她也不想在公眾場合哭了起來，所以打給她也許不適合。但簡訊是安全的，對我們彼此來說，簡短就夠了。在那一刻，我們已心意相連。我們知道日後一定會再聚一次，好好聊聊。後來，我們果真見面了，促膝長談，久久不散。

死亡禮節和網路禮節

我們對於在網路上談臨終、死亡、悲痛與失去，仍然在試水溫的階段，如何能做得更適當呢？我們在「真實世界」（這不是雙關語，譯者註：作者不是要暗指網路就是虛擬世界）所用的標準，經常也適用於社群媒體，以下是我的一些建議：

正視失去的事實。一般來說，在死亡或生病的發文下留言是可以的，若有人願意在網路上公布對他很重要的人過世了，那你應該正視這則訊息。理想上，你可以留言安慰他，請他節哀順變。舉例來說，你可以寫：「蘇實在是個活力充沛的人，我們的讀書會一定會想念她，我致上我的敬意，請知道我一直把你放在心裡。」

如果不知道要說什麼，也是OK的。當得知有人去世的消息時，許多的我們經常會一時語塞，不知該說什麼。情況如排山倒海一般的來，我們會感覺無法言語，所以承認你自己辭不達意是很正常的。舉個例子，你可以寫：「我聽說你爸的事了，我很遺憾，我實在不知道該說什麼，可是我想讓你知道，我在想著你，我的愛與你同在。」這種回應讓對方知道，你很想在他身旁陪伴他，你也很關心發生在他周遭的重要大事。坦承自己不知道該說什麼，總比一些常用的隻字片語，甚至是接近陳年老套的話語來得好。像是「至少他已經安詳了」，或是「你的孩子太完美了，上帝想要把他帶在身邊」。

如果你還是詞窮，你可以選用某些臉書最近提供的表情符號，包括讚、紅心、微笑、驚訝、哭泣或生氣。

許多的我們對於死亡的貼文可能不想（也不該）按讚，因此選用其他的表情符號可能比較有幫助。這些符號傳達的意義當然見仁見智，但多數人應該會選擇哭泣的臉來表達自己的哀傷。其他人會選用紅心，來向死者或公布死亡消息的人傳遞關愛。

後續。根據你和死者的關係，或你和發文者的關係，你可以考慮直接傳簡訊給他們。分享一些你的回憶，或提出支援的意願。例如：探訪他們，參加喪禮，或帶些食物過去。很重要的，請記得你的網路留言，無論是私人或公開的，都應該跟實際面對面的接觸一樣，遵守共同原則。例如，當你聽到你好友的父母過世時，你會想要給他一個擁抱，你在網路上也可以這麼表示，可以很簡單地這麼寫：「聽說你母親的事了，我想要給你一個我的擁抱，希望很快能見到你。」

你不是主角。當你想要留言回應某人的貼文時，記得你不是在凸顯自己。若你強調自己震驚不已，甚至崩潰到無法工作，這可能對發文者一點用都沒有。也請你盡量避免提及，你知道的某個人也正遭逢巨變。悲傷是很個人的，雖然你自己可能經歷過喪親之痛，但你想要幫助的人有他自己的獨特經驗感受。一開始請把你的經驗留給自己——直到別人請你分享為止。

不是你的貼文，先別分享。如果某人剛過世，先看看與他最親近的人如何發布這個消息，讓他們選擇是否要在社群媒體上公開，並尊重他們的選擇。若他們已經在網路發文了，你還是要徵詢他們的同意，是否讓你轉貼在自己的臉書上。

請用「死」這個字，更為直接了當。不用拐彎抹角，或試圖沖淡氣氛，像是——過期了，流逝了，或消失了，想要故意忽略死亡的真實。我冰箱裡的牛奶過期了，跟某人死去了——完全是兩碼子事，不要害怕用死這個字——死亡、死去、死了。尤其是你想用貼文或推特溝通時，這些平台需要清楚簡短，甚至看起來近乎生硬冰冷。請用直接的語言來形容事實，你不會帶給哀傷者更多的苦痛，相反的，這是一種尊重。

用社群網路來強化支援，不是取代支援。對有些人來說，透過社群媒體來面對死亡和悲傷，比生活中實際互動容易得多。臉書、推特和其他網路平台，允許他們在比較控制得住的環境裡，分享資訊和獲取支持，但不是所有人都如此。有些悲傷中的人，感覺不到網路社群給予他們足夠的支援，或許是他們未能得到預期的回應，或許是回覆的文字看起來不如面對面一般的關切。

尤其是跟你親近的朋友和家人，別讓社群網路平台取代了我們需要的真實接觸與對話。想想若是你自己失去所愛的人，你會期待什麼，渴望什麼，然後你就知道該如何給予。

喪禮與告別式

在悲傷的過程裡，我們會想保有跟死者之間持續的連結。現今的科技提供我們很多的選擇，可以在虛擬世界裡進行。

舉例而言，現在禮儀公司幾乎很普遍的會舉行喪禮的現場直播，讓不能到場的人也可參與影音致敬、網路簽到簿，以及網路告別式等，給人們很多機會來表示哀悼。這些網路空間讓人們隨時可以分享故事，照片及影片等，幾乎不花錢，還能經常更新。它也讓我們只要按下滑鼠，隨時可以捐錢，它是一種新的象形文字，一種壁上的寫作，讓我們能訴說死者的傳奇。

如果科技已經改變我們聚集與追憶死者的方式，它也反映出我們悲傷的儀式，經過不同時間和文化的洗鍊，已有些轉變。舉例來說，在墨西哥，祭台上放些烤好的甜點和死者喜愛的物品是一種尊敬的習俗。

這就像臉友在臉書上分享跟死者之間的珍貴照片，故事、和回憶等。讓我們用新科技來擴大我們的儀式，延續與死者的連結，並允許自己悲傷。但請記得，對多數人來說，科技仍無法取代人與人的實際接觸與關心。

你的數位遺跡

去年我的一位朋友無預警的去世了。在事情發生的一個星期後，他的個人網頁成為朋友、同事、和認識的人得知消息的媒介。他們在上面表達支持和關愛，朋友死後，這個網頁也成為大家分享回憶、故事，互相安慰，並討論喪禮的地方。

今天，當我再度造訪朋友的臉書時，我看到朋友們留言紀念他逝世週年，在原本應是他生日的那一天。大家溫馨地問候朋友太太，有個人甚至提到他很想分享自己最近的一點成就，以慰死者在天之靈。雖然朋友的臉書已經不再更新了，我也不常上去瀏覽，但我偶爾會想再看看他的照片，讀讀他以前的貼文，想著他、念著他，我不知道為何朋友太太尚未關閉朋友的臉書，但我很感謝還有機會讓我回顧一番。

即便某人死後，維持他的臉書、推特、IG和其他社群媒體帳號活躍，可能有諸多好處。這些帳號可以成為一種紀念或紀錄，它們就像虛擬剪貼簿一樣，集結了回憶、人生重要大事，及朋友間的往來互動。

對很多的我們來說，這種虛擬紀念站，比真正的墓園方便得多。不需要開車長途跋涉，只要有台電腦，動動手指，朋友微笑的模樣就近在眼前。

有些人認為，當某人過世後，不應再留著他們的個人網頁，因為網頁偶爾會出現在「你可能認識的朋友」功能選單上；死者的朋友還會收到生日快到了的提醒，這種提醒對他們有點難受，甚至是詭異——好像是死者發給他們的一樣。還不知道朋友死訊的人，可能想試著聯絡，或送上生日祝福，這種情況不只是很尷尬，有時候還讓人很受傷。

許多住在北美地區的人，還沒開始想，當他們死後，或病重到無法管理自己的社群媒體帳號時該怎麼辦。少數的我們已經有計畫委託我們的愛人來刪除、管理，或紀念我們的帳號。不論什麼理由，我們都可以開始思考自己的和所愛的人的數位遺跡。當你死後，你希望如何處理你的個人網頁？你的網路遺跡會是什麼？就像我們開始考慮自己的資產，擁有物品該如何處理一樣，我們也該想到我們的網路足跡。

在這個快速變化的時代，我們可以做幾件事，讓負責清算我們遺物的人容易一點。首先，給執行者一些方向，寫下你所有的社群媒體帳號及密碼，詳述你死後希望如何處理每一個帳號。你也許希望你愛的人或你信任的朋友、同事，以你的名義發出最後一則推特，或者你想要請人幫你把LinkedIn帳號改成「永遠退休」的狀態。

臉書現在可讓用戶選擇讓帳號「被懷念」或永遠刪除，臉友生前可以透過「遺跡聯絡」功能來指定某人來管理自己的帳號。

我們的網路身分一直在改變中，有些討論區、平台現在比較流行，而有些則已銷聲匿跡（還有誰在用Myspace嗎？）經常更新你的清單，讓你的負責人確知你比較活躍的地方。

想一想你怎麼在數位世界裡道別，就像越來越多的人開始生前計畫葬禮和紀念會，寫自己的訃文一樣。人們也可以把自己在社群媒體的道別內容或死訊先寫好，這些以後應該都會是很普遍的事。漸漸的，人們會習慣在這些平台上揭露自己不久於世的消息，並跟大家預先告別。

當你開始思考自己的數位遺跡時，以下的問題或許可以幫助你，跟你所愛的人開始對話：

- 若你的愛人在你的生命結束前後，在社群媒體上貼文公布你的訊息，你感覺如何？你希望他們紀錄你的臨終過程嗎？你覺得貼上你在醫院的照片，或家人的照片是OK的嗎？

• 你希望在網路上提供有關你的喪禮或告別式的資訊嗎？你的訃文呢？

• 在你死後，你希望維持你的臉書和其他社群媒體帳號嗎？如果有這個選項，希望把網頁轉成紀念頁嗎？還是徹底刪除？誰能夠使用這些帳號？

當我們在數位平台上分享越來越多自己的訊息時，我們更要努力想想如何在這些平台上溝通臨終和死亡。讓我們再次承認，臨終和死亡是生活和生命的一部分，它在我們的臉書上、推特上，也都應有個位置，就如新生兒的喜訊和度假照片一樣。讓我們互相扶持，有一天我們可能也會貼文或推特有關我們愛人去世的消息，我們也會期待回應和關愛，讓我們向凱特·格蘭傑看齊，繼續讓網路的世界成為一個安全且開放的地方，我們才能在其中學習生病、臨終、死亡和悲傷這些功課，並支持彼此。

我們臨終的（部分）自主權

第九章

死亡本應是個自然現象，現在成了人類的責任。

——丹尼爾・卡爾拉漢（Daniel Callahan），生物醫療倫理學家及作者

「就讓我死啦。」、「我想死了啦。」我在安寧病房工作時，有個回天乏術的男士叫做約翰，我對他最深的記憶就是這兩句話。我沒有誇張，在約翰死前的兩個星期內，他整天重複的就是這兩句話。他已經準備好迎接生命的終結，但死亡卻仍姍姍來遲。每個照顧約翰的人都很戰戰兢兢，身為安寧療護工作者，我們應竭盡所能的支持他，讓他舒服，不應加速或延長他的死亡。約翰的家人已筋疲力盡，看到他一個勁兒的想死又很悲哀。當他死後，我們都感覺罪惡感和虧欠。回想那最後幾週，我們似乎該做點不同的事，讓約翰好過一點。這樣，他聲嘶力竭哀求一死的畫面，也不會永遠停留在家人的腦海裡。

約翰過世後的這幾年，加拿大關於死亡的氛圍已經改變許多。現在在加拿大討論臨終和死亡，幾乎都會包含ＭＡＩＤ。ＭＡＩＤ指的是用醫藥的方式加速死亡，它的正式名稱就是醫療輔助死亡（medical assistance in dying）。在二〇一五年二月六日那天，加拿大最高法院對於卡特對抗加拿大（Carter v Canada）的案子做出最後判決，讓醫生協助死亡合法化。這個歷史性的決定，不再禁止醫生以適合的方式，幫助末期病人結束自己的生命。根據法院的結論，禁止醫生這麼做，是違反加拿大人權與自由章程。

有幾個重要人物率先挑戰原本的法律，包括凱・卡特（Kay Carter），飽受退化性脊椎硬化之苦的患者，以及葛洛莉雅・泰勒（Gloria Taylor），肌萎縮性脊椎髓側硬化症（ALS，又名為漸凍人）的患者。結果最高法院一致通過，推翻加拿大刑法中的條文，不再認定醫師協助末期病人結束生命為犯罪行為。這項判決，讓加拿大的成人，在意識清楚的狀況下，面對即將來到的死亡，已經難以忍受更多的痛苦時，有權利申請醫療加速死亡。法院的決定，等於呼應了加拿大人對這個問題的態度轉變，代表他們已經明白，多數的加拿大人，對於自己將如何死，都表達了強烈的自主意願。這個決定，也影響我們未來在這個國家怎麼談論臨終和死亡，以及我們怎麼跟家人和醫護人員討論，到了生命尾聲的時候，我們希望如何被對待。

名詞解說

在加拿大，醫療輔助死亡又叫做醫師輔助死亡或醫療加速死亡。當罹患不治之症的人，感覺痛苦不堪、無法忍受，而面臨病情惡化，死亡就在「預期不久的將來」時，可以在自己尚有能力決定之際，做出一個選擇。MAID只能由醫師或專科護理師執行——其他加拿大的醫療人員不得從事這個項目。醫師可因應病人要求——直接進行或開立造成死亡的特定醫藥處方，並且經由藥劑師來發放配藥。聯邦立法單位明訂兩種可以遵行的方式，醫師或專科護理師可以靜脈注射藥物或以其他方法直接加速死亡，或是他們可以開立或提供藥物雞尾酒，讓病人自行吞下服用。其他醫護人員，如護士或社工可以提供資訊，讓病人了解加拿大合法醫療輔助死亡的範圍。聯邦立法單位也允許個人，例如家人，幫忙病人服用藥物，前提是病人清楚地要求此人幫忙。

很重要的，是再次強調ＭＡＩＤ只能因應病人特別要求而執行，且病人是在心智尚有能力時所做出的決定。能勝任或有能力決定，指的是病人充分理解他們要求的項目與執行後果。目前在加拿大，立法單位規定，在ＭＡＩＤ執行的前一刻，末期病人必須清楚地表達同意加速死亡的程序，個人不得要求ＭＡＩＤ，如果死亡並不會在「預期不久的將來」發生。

即便病情發展終將導致病人難以或根本無法做出輔助死亡的決定，例如得到失智症的病人，家人或朋友不得成為代理決定者，也不具法律效力來同意，或代表某人來授權進行ＭＡＩＤ。

一直以來，這項法條都飽受爭議。它代表著失智症病人，即使已經表達想要加速死亡的意願，仍然不符資格申請。因為在ＭＡＩＤ真正執行的時刻，他們可能已經喪失能力允諾，這個狀況以後可能會改變。現在的聯邦立法院要求加拿大政府進行法案通過後兩年來的強制性審查，以確立未來預先指定ＭＡＩＤ是否適合且可行。

醫療輔助死亡跟安樂死不同的地方是，它是出自有能力的個人決定。此人清楚地被告知他的權益，而安樂死指的是一個人明確的、有意的（通常並未獲得另一人的允許）結束另一人的生命，當對方已無法治癒時。請注意安樂死不是謀殺，進行安樂死的時候，結束別人生命的人，是帶著同理心與關愛進行，對他們個人沒有好處，且被結束者已確定無藥可救。

在安寧療護社群裡，對醫療輔助死亡這個詞仍有一些議論。這是因為許多在安寧與緩和病房工作的醫護專業人員認為，他們提供的照護「就是」醫療輔助死亡，而不是像新法案定義的那麼狹隘。安寧療護人員並不加速或延長死亡；它致力於緩解痛苦磨難，讓臨終的過程自然化，如同正常的生活事件。從安寧療護團隊的角度來看，他們提供的醫療輔助型式，包括醫療評估，可減緩症狀之醫藥解說、知識、及治療方向；症狀和苦痛管理；心理與精神支持。而ＭＡＩＤ則以醫藥的方式，積極的加速死亡，兩者很重要的差異在於，安寧和緩和療護提倡的是死亡在自然的狀況下發生，不刻意地加速死亡或延長生命。

安寧療護工作者與被照護的病人一起做決定，來停止或抽除維繫生命的輔助方式，包含洗腎、人工呼吸器、營養輸送和餵食。做出這項共同決定，是因為這些已經是無效醫療，或病人已不願再接受這些治療。雖然這個決定終將導致死亡，但它跟ＭＡＩＤ還是不同的，因此在本書接下來的內容，我將稱ＭＡＩＤ為醫療加速死亡。

爲什麼有些人會想申請醫療加速死亡

在本書裡我經常提到，臨終是辛苦的，它不是個平順的、線性的、可以預期的過程。磨難、虛弱、痛苦與寂寞常常伴隨而來。因此，可想而知的，多數的我們將不情不願的走上臨終的旅程。

有些人想申請醫療加速死亡，因為他們跟許多的我們沒什麼不同，都害怕臨終和死亡。有些人則是因為想維持一種掌控和自主權。其他人可能覺得，他們正在經歷的苦痛已超出他們所能負荷的範圍，想早點結束一切。還有人認為，他們的臨終對家人是一種負擔，他們不想再繼續下去。

在過去，身心的苦痛及症狀無法緩解，是大多數臨終者想要盡早離世的理由。然而今天，醫療的進步，疼痛和症狀管理的知識普及，加上安寧與緩和療護的管道增設，讓人們不需要以減輕痛苦為唯一理由，來加速死亡。

有的時候，人們會以為臨終者要求ＭＡＩＤ是因為他們久病憂鬱了。然而，研究顯示，臨終所帶來的心理壓力——包括感覺自己是累贅，缺乏社會支持，神經緊繃，與生活品質低落——往往才是決定性的因素。

從遠處觀看，臨終似乎只有失落與苦痛。然而，很多親身照護臨終者的人發現，只要病人的疼痛和症狀控制得當，這整個經驗是緊密且值得的。這段時光讓他們能進行有意義的溝通，把握僅存的共處機會。相對的，醫療加速死亡和安樂死兩者都可以快速地結束苦痛，對某些人來說，當生命步向終點時，這兩個選項頗具吸引力。

很重要的，我們要持續討論、檢視、與改善我們對臨終病人的照護。我們如何對待社會中最脆弱的成員，說明了我們整體社會重視什麼，不重視什麼。讓加拿大所有的人，在生命畫下句點前，能享用安寧與緩和療護，讓人們的死，能符合他們生前信奉的價值觀。

這些臨終的決定不是雙面的，醫療加速死亡，不一定等於死得有尊嚴。善終或適當的死亡，是可以達成的，只要疼痛和症狀被管理控制得好，心理與精神上得到安慰，且臨終的過程，被視為是病人生命中珍貴的一部分。

有一天，當加拿大人普遍認為臨終是生命故事的一部分，而不僅只是句點的時候，我們就轉移了對死亡的思考典範。

與你的醫護人員討論加速死亡的選項

現在很常見的是，許多病情不樂觀的人，已經會開始提出加速死亡的問題，或表達想死的意願。ＭＡＩＤ法案通過之後，人數有越來越多的趨勢。一個人的意願，可能會隨著病情發展而產生變化，也許是幾個月，也許是幾年，或是他們活在死亡陰影下的狀況有所改變。當然，目前只有百分之十的末期病人，正在考慮醫療加速死亡，而真正透過醫生或醫護人員進行的比例更少。舉例來說，在美國的俄勒岡州，即便自一九九七年後醫師輔助死亡就已經合法，但根據二〇〇二年的死亡人數統計，只有千分之二是透過醫療加速死亡。

跟你的醫生或醫護人員談談這些事情永遠都不嫌早。MAID在加拿大來說還算是新的發展，申請這個項目所需的流程仍在建構中，多數社區也仍在測試的階段。因此，跟你的醫生討論你的臨終願望是很重要的，在每個省分會有不同的程序，你的醫護人員應該比較清楚什麼是適合你的方式。

目前在加拿大，醫護人員仍能選擇出於良心拒絕執行病人的要求。這代表著你的醫護團隊沒有必要提供你醫療加速死亡的服務，也不一定要開立藥方或在現場進行。

如果你的醫生反對醫療加速死亡，他們應該準備幫你介紹給願意執行的醫生。舉例來說，在安大略省，醫院會被期待能盡快提供轉介的服務，而且是真心誠意的將病人介紹給友善的、方便病人的醫生來完成這個項目。

你的朋友和家人，一開始可能會因為你想要加速死亡而感到生氣，也不想要跟你討論。如果你的醫護人員理解你的想法和偏好，他們會支持你開始計畫死亡，選擇最符合你的價值觀和狀況的方式。他們也可以代表你向家人朋友解釋，若你想要開啟跟醫護人員的對話，我建議你可以大概這樣的說：「如果我病入膏肓，想要申請醫療輔助死亡來結束我的生命，你願意幫助我這麼做嗎？」如果你的醫生回答是「不」，那接下來你可以要求他介紹願意幫助你的醫生，你的醫生有義務要竭盡所能的回應你的需求。

MAID現在經常在新聞裡出現，所以醫生應該不會太驚訝，如果病人在約診時談起這個話題。此項立法已經改變了加拿大人在臨終時可以選擇的方向，而醫生就站在改變的最前線。也許對談最好的時機，就是你跟家庭醫師例行會面的時候，當你想討論健康狀況的時候，你可以更新你的預先照護計畫，並談談你想要的治療方針。

如同其他跟生命末期相關的議題一樣，關於醫療加速死亡的討論也會持續的演變。然而很重要的是及早把基本原則先訂下來。你可以讓你的醫生知道，你已經注意到加拿大立法改變的這個新聞，你想要開始準備，就像你分享你對預先照護計畫的想法一樣。

你可以告訴你的醫生，什麼對你很重要，你希望確認他或她完全理解，也願意遵照你的意願。

你可以試著這樣展開話題：「良好的生活品質對我真的很重要，我們以前談過什麼代表好的品質。如果這些都沒辦法維持了，而生命末期除了痛苦以外什麼都不存在，那我需要你的幫忙，加速我的死亡。」

你會獲得的回應可能有所不同。理想上，你會聽到你的醫師或專科護理師向你確保，他們會支持你的決定，替你加速死亡。或者他們會說現在談這些還太早，或是等時候到了自然會討論這個問題，同時也向你保證你會被照顧得好好的。如果他們的回答類似這樣，你可以接著釐清：「我的理解是，在ＭＡＩＤ進行的前一刻，我需要清楚的請求加速死亡。我現在只是要讓你知道，當關鍵時刻來臨，我是想這麼做的，若這個要求對你很困難，請把我介紹給願意達成我請求的醫生。」讓我再次強調，醫生有義務提供適合且即時的轉介。

與家人討論醫療加速死亡的選項

每個家庭都是獨特的，每個人對家人渴求醫療加速死亡的反應也會有很大的差異。目前在加拿大，當個人要求醫療加速死亡的時候，並未規定是否要正式通知家人，或醫療團隊必須告知家人。

依據此立法的架構，這個責任由申請者個人承擔。如同其他醫療介入一般，這項請求必須保密。除非申請者正式同意，否則家人也不得而知。由於ＭＡＩＤ規定，此人在做決定的時候是有能力判斷的，因此家人不具任何權力來阻擋進行。

在安大略省，MAID結束後，現在還沒有正式通知家人的流程。但每個醫療加速死亡都必須通報官方驗屍局，他們會進行審查，才符合新立法通過的監督時期內之規定。

雖然目前的法律保障個人的隱私權，但一般來說，跟臨終和死亡相關的事宜，個人還是會被強烈建議，應與自己親近的人，討論想要申請MAID的意願，並讓他們有機會與醫療團隊會談。當然，法律也允許被指定的家人或朋友，協助病人服用必要的藥物，以加速死亡的進行，前提是因應病人清楚的要求。

目前還沒有研究結果能指出，加拿大的家庭，對申請醫療加速死亡的家人反應如何。或是這個決定對他們的哀傷有何等影響。但我們可從其他一些醫療加速死亡合法的地方略知一二。例如俄勒岡州和瑞典，家人其實都能理解並支持所愛的人結束生命，許多家庭也表示，能參與臨終的過程是很有意義的。他們知道，自己所愛的人是自己掌控生命的，走的時候，是無痛無礙的。直到今天，還沒有足夠的資料，來告訴我們，那些未被告知的家人，當獲知所愛的人已完成MAID的時候，他們的哀痛經歷為如何。這個領域需要投入更多的研究。

許多的我們，或多或少都知道，家人和好友對醫療加速死亡的想法是什麼，而且他們很可能意見相左。有些人很支持，他們相信選擇死亡是個人的權利。其他人也許會強力反對，他們害怕比預期更早的失去所愛，不能想像接下來的日子要怎麼過。另外有人不贊成這種選項，是基於道德或宗教的原因。若有家人或好友持反對意見，請向他們表示你了解他們的感受，但他們不需要贊同你，你也不需要徵求他們的許可。跟他們說明，他們須尊重你的決定，不應試圖阻撓。再說一次，根據加拿大的法律，除了你的醫療團隊及一位見證人以外，你不需要告知任何人。見證人必須跟你無利害關係，他／她不是你遺囑的受益人，經過你授權，他可以見證整個過程。

雖然如此，到現在我們仍無從了解，這個決定會不會讓悲傷的歷程更加複雜化。加拿大人正試著探索這個新的領域，所以你只能自己決定，什麼是對自己和家人最好的。有些組織，像是尊嚴臨終（Dying with Dignity），他們相信，臨終者最好還是把自己的計畫分享給家人好友，讓他們有機會可以贊成或反對，然後通過理解、達成共識。被告知的人可以有時間了解這個決定，在所愛的人死去以後，也能夠彼此安慰，度過哀痛時期。如果他們還是不能接受你的決定，你至少曾經試著跟他們溝通你的需要、懼怕，與你對死亡的預期景象。讓他們知道你的計畫，也是在幫助他們，練習接受你的決定，並相互扶持。

最後的想法

也許聽起來很怪，但現在在加拿大，能致力於改善人們臨終的方式，其實是個令人興奮的工作。如果今天約翰還活著，我想很有可能，他的最後幾週會過得很不一樣。他也許還是會吵著「讓我死吧！」，但他的醫療團隊和家人，會跟他有比較建設性的對談，因為現在我們可以有不同的選擇來結束生命。有機會的話，或許約翰會選擇醫療加速死亡，因為通過這個法律，他可能會覺得那是他獲得「內心平靜」最好的辦法，就像很多俄勒岡的案例一樣。他也許能更舒服地待在我們安寧病房裡，然後安然的死去。死亡雖仍是無可避免的結果，但至少他的家人回憶起來，不再那麼苦不堪言。

加拿大人已經爭取過，也得到臨終的新選項，但我們要記得，不能因為有了這個選擇，我們就可以停止改善臨終者的照護。很有可能的是，只有少數人終究選擇申請MIAD。但多數的我們，會很感恩自己身處在一個開放的社會裡。因此，不管生活在哪裡，病況如何，很重要的是要能接觸到高品質的安寧緩和療護。我們要繼續告訴我們的立法者和政府領導，我們如何死去，真的很重要。我們要有管道來接受最好的照護，讓我們對於自己的臨終過程，有一些自主權和所有權。人們應該可以期待，當時候到了，會有專業的安寧療護資源，包括身體的、心理的、社會的，及精神的照護，來支援他們及家人，不論最後他們做了何種決定。身旁的人應該把臨終者的期望說出來，因為垂死的人可能已無法言語，而死去的人就再也不能發言了。我們活著的人應該繼續讓人們聽到我們的聲音，等到我們自己的時刻來臨，我們是死在一個重視臨終的環境裡。我們需要持續在社會中活躍，倡導生活與生命的每一部分都有價值，包含臨終和死亡。容我引用丹・西西里・桑德斯（Dame Cicely Saunders，一九一八～二〇〇五）的話語，她是位護士、專科醫師、作家、也是安寧運動的發起人。「你很重要，因為你就是你。直到你生命結束的最後一刻，你都很重要。我們不只要盡全力的讓你死得平靜祥和，也要讓你好好活著，直到死去。」

讓對話持續進行

第十章

若你想讓別人快樂，請保持慈悲心。

若你想讓自己快樂，也請保持慈悲心。

——達賴喇嘛

死亡不是一個醫學名詞，它是一個社會過程。臨終與死亡也不是單獨事件，我們的社會與宗教社群，深刻的影響我們如何向死亡學習。這些群體經常能提供強大的支援與力量，但有時候，他們也需要教育和動員，才能給需要的人幫助。現在時機已成熟，加拿大人應該重申，臨終是個社會過程，不是個醫界的問題。一個垂死的人，只需要花他百分之五到百分之十的時間在醫療體系裡。然而，我們卻消耗最多的精力、時間，和資源在裡面。目前全世界各地有很多提案，都試圖將臨終帶回社區的環境裡。我們需要發展我們的社區，讓它成為讓我們安心臨終的地方。多數的我們，都想要改善對臨終者及家人的照護，提供他們末期照顧更多的選項。許多的研究者、倡導團體、政治人物、民間和醫療組織，都正在努力縮小體制內的差距。舉例來說，在加拿大，我們有安寧緩和照護協會、安大略安寧緩和照護、臨終照護網絡等。然而，令人驚訝的是，每年仍有廣大的民眾未曾接受任何安寧療護而死去。據估計只有十六%至三〇%左右的加拿大人，能享有安寧緩和照護的資源，而其中大部分的人只有在最後幾天或幾週才有機會接觸到。缺乏管道現在被認為是加拿大最嚴重的公共醫療問題，這個現象並沒有好轉的趨勢。（CHPCA,2012）

國際公共醫療安寧照護組織在官網上強調，「死亡、臨終、失去和照護，是每個人的責任。」加拿大醫療協會也呼籲，要有全國的安寧照護策略。然而，在今天的加拿大社會，老弱殘病者幾乎都在安養院、醫院，或醫院附設機構度過他們倒數的日子。結果他們的家人往往不是主動的、親自照顧臨終者的人，甚至沒有參與照護的決定。許多人不再透過在家照護而學習到臨終和死亡的功課，但這些狀況應該會改變。不少加拿大人開始覺得，在生命終了前，投入更多心力在照顧自己所愛的人，是有價值、有意義的事情。他們想接受更多教育，接觸更多資源來幫助他們達成這個任務。

世事難料，只有死亡是最確定會發生的事。我們一生之中，一定會跟死亡相遇。我們活得越久，我們的死亡經驗就會越豐富。我們將明白，死亡乃是共同的人生經歷，而醫療系統必須在生命這連續的樂章裡，把每一個段落都處理得盡善盡美。

我們要讓廣大的民眾了解，什麼是健康的死亡方式。我們接下來該怎麼做呢？

什麼是關愛的社區

我活在一個美好的社區裡，這裡面的每個人都意識到，當發生危機和失去所愛時，我們會支持彼此。我們願意，也準備好討論善生善死的議題，並且因對話而感到滿足，從而能以感性和理性兼具的方式幫助彼此。

——安寧與臨終照護的願景：給在地行動的全國架構二〇一五～二〇一〇

從公共衛生的角度來討論臨終照護，須從建立關愛社區開始打好根基。這概念源始於艾倫．凱勒赫爾（Allan Kellehear）教授，他是澳洲公共衛生的學者。凱立和博士提醒我們，健康是每一個人的責任，而健康也包括死亡、臨終和末期照護。他對關愛社區的概念是，社區須成為一個支持和照顧臨終者，同時也安慰家屬的地方。目標是讓我們能安心地活在社區裡，直到死去。

凱勒赫爾博士在他的書中《關愛的城市：公共衛生與臨終照護》（*Compassionate Cities: Public Health and End-of-Life Care*）寫到，一個關愛的社區有幾個明顯的特徵：

- 地方衛生政策肯定關愛為道德的基本要素；
- 滿足老年人罹患重病者與哀慟家屬的特別需求；
- 堅決尊重社會與文化差異；
- 將悲傷諮詢與緩和服務列入地方政府的政策中；
- 提供多重管道，給予不同的支援互動和溝通；
- 倡導並與原住民達成和解，同時紀念其他重要的文化失落；
- 廣設悲傷諮詢與安寧照護服務

所以，對未來的加拿大人來說，臨終和死亡的光景應該或可能是什麼樣子呢？目前已經發生的種種轉變，讓許多人開始接受，預先談論臨終重要事項，是很有必要的。因此，死亡、臨終和哀痛，在未來比較不會是禁忌，而是一個社會中可以正常討論和探索的主題。死亡將被認為是個規律的生命事件，不再被認為是個醫療上的失敗。

加拿大人將會期待，醫護人員隨時可以跟他們討論預先醫療計畫。當他們在考慮各種選項，以做出適合的決定時，醫護人員會一路相伴。但我們當然需要的不只是醫護人員的支持，我們也會期待家人持開明的態度，來跟我們聊聊我們臨終前的願望、懼怕和需求。我們也需要讓教育系統準備好，不僅是教育我們的醫護人員，也包括我們的孩子，讓整個國家更有死亡素養。

加拿大人也會期待，我們工作的公司和機構會是個關愛的環境。它保留空間，給需要面對生死問題的員工。我們也會看見，我們的社區將扮演積極的角色，來照顧我們和所愛的人，從生到死。一個關愛的社區，會讓所有的加拿大人，都有力量走完人生的最後一哩路。

加拿大人也將明白，談論死亡，死神不會真的來臨，我們跟死亡的關係也終於改變了。我們會開始更理解臨終的過程、我們的需求、期望和懼怕。我們會創造一個更廣泛的文化支持系統，讓臨終不再成為人們沉重的負擔。也許有一天，死亡再也不會是聊天殺手了呢！現在讓我們——開始聊天吧！

感謝詞

寫完這本書我並沒有死耶！我要感謝所有向我確保，我會毫髮無傷地存活下來的人。

感謝ＥＣＷ出版社充滿活力的團隊：蘇珊・雷諾夫（Susan Renouf），我的病人，也是我聰慧的編輯瑞秋・艾倫史東（Rachel Ironstone），潔西卡・艾伯特（Jessica Albert），珍・可諾奇（Jen Knoch），克莉絲・卡洪（Crissy Calhoun）——感謝你們相信，本書是重要對話的開始。也非常感謝我能幹又可愛的經紀人泛大西洋（Transatlantic）的潔西・芬蔻史丹（Jesse Finkelstein），她真正了解，我們如何死去，非常重要，她也願意給我這個機會來談。感謝艾力克・西維儂（Alexia Vernon）幫助我發展原本的提案，並且持續鼓勵我，給我勇氣。感謝跟我同一天生日的好姊妹蘇珊・古伯格（Susan Goldberg），她在我開始書寫的時候，提供我寶貴的編輯建議，讓我能更專注在我的概念上。謝謝妳，讓我可以依靠妳。

我無比的感激，自己是安寧緩和療護社群的一份子。這個社群，持續在成長，並改善加拿大人死前的生活。透過幾個團體的領導，像是加拿大安寧緩和照護協會，安大略省安寧緩和療護，我們把工作向前推進，將臨終、死亡、失去與哀傷，正常化、社會化。感謝所有我的安寧療護的導師、朋友和同事，你們一直支持我，讓我覺得有所貢獻。

感謝我的家人、我的好友，一路以來，扶持著我。我由衷地感到幸運，自己能被愛與鼓勵包圍著。我深愛我的先生卡文（Kevin），他容忍我經常心不在焉，也總是用愛來安慰我，願意閱讀每一個章節。最後，我也感謝我的孩子愛樂佳和道森（Allegra and Dawson），他們可能會覺得，他們生長在一個只談臨終和死亡的家庭，當然，這個家庭，也充滿了歡樂，從未忘記，享受生命。

讓告別成爲禮物：思索並學習與生命說再見

Talking about death won't kill you : the essential guide to end-of-life conversations

國家圖書館出版品預行編目（CIP）資料

讓告別成為禮物：思索並學習與生命說再見／凱西・科特斯－米勒（Kathy Kortes-Miller）著；田若雯譯. -- 初版. -- 臺北市：健行文化出版：九歌發行，2019.01
240 面；14.8×21 公分. --（愛生活；45）
譯自：Talking about death won't kill you : the essential guide to end-of-life conversations
ISBN 978-986-97026-2-1（平裝）
1. 死亡 2. 生死學
197 107021922

作　　者——凱西・科特斯－米勒博士（Kathy Kortes-Miller）
譯　　者——田若雯
責任編輯——曾敏英
發 行 人——蔡澤蘋
出　　版——健行文化出版事業有限公司
台北市 105 八德路 3 段 12 巷 57 弄 40 號
電話／02-25776564・傳真／02-25789205
郵政劃撥／0112295-1

九歌文學網 www.chiuko.com.tw

排　　版——綠貝殼資訊有限公司
印　　刷——晨捷印刷股份有限公司
法律顧問——龍躍天律師・蕭雄淋律師・董安丹律師
發　　行——九歌出版社有限公司
台北市 105 八德路 3 段 12 巷 57 弄 40 號
電話／02-25776564・傳真／02-25789205
初　　版——2019 年 1 月
定　　價——320 元
書　　號——0207045
I S B N——978-986-97026-2-1